# 世界のなかの
# 日米地位協定

前泊博盛
猿田佐世 監修

新外交イニシアティブ 編



田畑書店

『世界のなかの日米地位協定』発刊によせて

# 「旗国法原理」の呪縛を超えて「領域主権」確立へ

「対米従属構造」の解説——日米地位協定問題のポイント

（沖縄国際大学）
前泊博盛

二〇二二年二月、東欧ウクライナにロシアが侵攻し、世界は軍隊や兵器の持つ危険性と抑止の利かない核戦争の脅威を実感しました。かつてのロシア帝国の一部をロシアに取り戻すための暴挙とされる殺戮行為は、稼動中の原子力発電所への初の攻撃を伴う蛮行で、国際社会から猛烈な抗議を受けました。

ロシアのプーチン大統領は「ロシアは最大の核保有国」と宣言し、核兵器による威嚇を行いました。そんなプーチン大統領に国際社会がとったのは「ロシアに対する徹底した経済制裁」でした。軍事に対して軍事対応するのではなく、経済で軍事力を抑止する手法は、強権的政治家に対するロシア国内世論の喚起と経済界からの軍事行使の中止への圧力として絶大な効果を発揮しました。世界は「軍事による国際紛争の解決」を回避し、グローバル化が進んだ国際経済社会の中で「経済ネットワークの遮断」という武器で挑み、効果を上げつつあります。

## 国民・国家にとっての「主権」

日本は米国の属国である。日米地位協定の本調査研究の結果を端的に表現するとそうなります。ウクライナが力ずくで攻めてくるロシアに対し「国を守る」という国民の姿勢は命の安全と行動の自由、人権と自治権の維持を示す「主権を守る」という行為といえます。ロシアの属国にはならない。そんな強い姿勢が、国際社会から支持され、ウクライナへの支援が相次ぎました。

そんな中で日本は米国の属国でも構わないと思う方は、この本を読まないほうがいいと思います。腹が立つだけですから。でも「属国ではなく、主権国家として対等な日米関係を構築したい」と思うのであれば、最後まで読んで下さい。日本と同じ対米安全保障関係を抱えるNATO各国、韓国など主要国との地位協定比較を通して日米関係の再構築策となる「対処法」「処方箋」も検証してあります。戦後の日本が米国に対して失ってきた「主権」を取り戻す方法を提案しています。このことはかつて自民党総裁でこの国の首相を長く務めた安倍晋三氏が首相在任中に何度も繰り返し主張した「戦後レジームからの脱却」「日本を取り戻す」という言葉とも重なります。戦後の日本を縛る「レジーム（枠組み）」の最たるものが日米安保体制であり、主権を侵害する取り決めの一つが「日米地位協定」であり、地位協定で取り上げられている「主権」を取り戻すことが、安倍氏がいう「日本を取り戻す」ことにほかなりません。

## 国内法免除の特権

ここで改めて、結論を先取りしましょう。

対米主権回復の方法は、朝鮮戦争時に締結された旗国法原理に基づく戦時安保・協定を、領域主権論に基づく平時の安保・協定に改定すること。このことを端的にいうと「郷に入っても郷に従わない」という米軍に、「郷に入っては郷に従う」「郷に従え」と領域主権論に沿って、地位協定を改定することです。

なぜ米軍は日本に来ても日本の法律に従わないのか。日本の国内法の適用を免除されているのか。それは、駐留先の派遣国に自国法を持ち込む「旗国法原理」に基づくものです。「駐留軍隊に対する派遣国の専属的裁判権の行使」は、「軍隊という性格上、指揮命令系統と法規範を軍が一括管理しなければ軍隊の本来的な機能は発揮できない」という軍の論理が、旗国法原理です。

米軍を受け入れている国（接受国）が、派遣国軍隊に自国法（国内法）を適用しないという特権を与えない限り旗国法原理は成り立ちません。つまり、日本がその旗国法原理を尊重し、米軍に国内法免除の特権を与えているために、日米地位協定は米軍優位の協定内容になっているというわけです。

旗国法原理とは、米軍人はどこにいっても米国法で守られる「属人主義」の原理といえます。これに対して、「郷に入っては郷に従え」「郷に従う」というのが「領域主権論」です。接受国の領土・領海・領空という「領域内」では、駐留軍にも接受国の国内法を適用する。いわば「属地主義」の原理です。

日本と同じように米軍基地を抱えるNATO諸国では、この「属地主義」による領域主権論が基本で、駐留米軍にも「国内法の原則適用」を基本としています。日本のように「駐留軍には国内法は原則不適用」という積極的に主権放棄を是認するようなことはありません。

## 外務省がついた「嘘」

日本の外務省は「一般国際法上、駐留軍には国内法は適用されない」と、ホームページなどで長く国民をだましてきました。しかし、犯罪米兵の不逮捕特権や米軍機事故調査などを阻む日米地位協定の不条理を改善しようと二〇一九年に沖縄県が実施したNATO諸国に対する「他国地位協定調査報告書（欧州編）」で、下表のようにNATO諸国では駐留米軍に対し「原則国内法適用」としていることが明らかになりました。外務省は、沖縄県の調査結果公表目前の二〇一九年一月、ホームページ上から「国際法の原則によるもの」との記述をひそかに削除しましたが、「受入国の法令

５カ国比較表（地位協定、国内法、運用等）

| | 国内法 | 管理権 | 訓練・演習 | 航空機事故 |
|---|---|---|---|---|
| 日本 | 原則不適用 | 立入り権明記無し | 航空特例法等により規制できず | 捜索等を行う権利を行使しない |
| ドイツ | 原則適用 | 立入り権明記<br>立入りパス支給 | ドイツ側の承認が必要 | ドイツ側が現場を規制、調査に主体的に関与 |
| イタリア | 原則適用 | 基地はイタリア司令部の下<br>伊司令官常駐 | イタリア側の承認が必要 | イタリア検察が証拠品を押収 |
| ベルギー | 原則適用 | 地方自治体の立入り権確保 | 自国軍よりも厳しく規制 | （未確認） |
| イギリス | 原則適用 | 基地占有権は英国<br>英司令官常駐 | 英側による飛行禁止措置等明記 | 英国警察が現場を規制、捜索 |

※出典：沖縄県『他国地位協定調査報告（欧州編）』平成31年4月
関連資料「他国地位協定調査について」P31

は適用されない」との説明を続けています。

外務省ホームページ「日米地位協定Q＆A　問4」を詳しく検証してみましょう。修正前の説明文（抜粋、傍線は筆者）は次の通りです。

「一般国際法上、駐留を認められた外国軍隊には特別な取決めがない限り、接受国の法令は適用されず、このことは日本に駐留する米軍についても同様です。このため米軍の行為や、米軍という組織を構成する個々の米軍人や軍属の公務執行中の行為には日本の法律は原則として適用されませんが、これは日米地位協定がそのように規定しているからではなく、国際法の原則によるものです」

これが、二〇一九年一月には次のように修正されました。

「一般に、受入国の同意を得て当該受入国内にある外国軍隊及びその構成員等は、個別の取り決めがない限り、軍隊の性質に鑑み、その滞在目的の範囲内で行う行為については、受入国の法令の執行や裁判権等から免除されると考えられています。すなわち、当該外国軍隊及びその構成員等の公務執行中の行為には、派遣国と受け入れ国の間で個別の取り決めがない限り、受入国の法令は適用されません」

## 「主権放棄」続ける日本

沖縄県『他国地位協定調査報告（欧州編）』の関連資料「他国地位協定調査について」の「5カ国比較表（地位協定、国内法、運用等）」をみると愕然とします。国内法の適用以外にも地位協定の運用に関してもNATO諸国との対米対応のあまりの隔たりがあるからです。

例えば、米軍基地に対する「基地管理権」では、ドイツやベルギーが立ち入り権を明記し、英国やイタリアが自軍の司令官を常駐させ基地を管理しているのに対し、日本は立ち入り権がありません。沖縄の米軍基地由来とされる汚染物質「有機フッ素化合物（PFOS）」が30万人の水道水を汚染し続けています。ところが防衛省沖縄防衛局は「地位協定」の米軍基地管理権に阻まれ、立ち入り調査を行うこともなく「米軍との因果関係は不明」と説明するなど、米軍の基地管理に非常に消極的です。

国内における米軍の「訓練・演習」に関しても国内法の航空法適用を免除された米軍機が日本では住宅地上空を低空飛行し、深夜未明に爆音を轟かせて「受忍限度を超える爆音被害」（国内爆音訴訟判決）を与え続けています。それに比べ、ドイツやイタリアでは米軍機の飛行訓練は両国政府の「承認」が必要とされ、英国では米軍機に対する「飛行禁止措置」も明記されています。日本の裁判所は、爆音被害について「米軍機の飛行差し止め」を求める国民の訴えに対し、「第三者行為論」という治外法権的特権を米軍に与え、自由な飛行を許しています。「受忍限度を超える」と爆音被害の深刻さを認め「損害賠償」を日米両政府に求める判決を繰り返しながら、「飛行禁止措置」という原因除去に踏み込めない日本の司法の対米追従ぶりが際立つ内容となっています。

「米軍事故の対応」に至っては、事故の捜査権すら行使できない日本に対し、ドイツ、イタリア、英国など各国は自国の警察や検察が現場を規制し、主体的に捜査・捜索を行い、事故原因の究明を行っています。自国内で起きた米軍機事故の捜査を米軍に任せ、捜査権を行使しない日本政府の対応に「犯人に犯罪捜査を委ねる日本」（イタリア軍司令官）との厳しい指摘も出ています。

## 米国も認める「国内法適用」

自国内の他国駐留軍には国内法を適用する、という領域主権論を他ならぬ米国もその合理性を認め、国内法適用を阻む旗国法原理は「古典的な規則」と指摘しています。しかも、そのことは米国のみならず「米国および近代におけるほとんどの大国は、武力紛争の場合を除き、旗国法はもはや信頼していない」（『作戦法規便覧』米国陸軍法務総監法務センター・法務学校、二〇一七年）「他国領域内に存在している軍隊は、その国の法令を遵守しなければならない」（同）と明示しています。

加えて、米国防総省は「受入国の法規は国レベルであっても地方レベルであっても、国際協定による規定がない限り、その国の米軍に適用される」（「低強度紛争の軍事作戦」米陸軍・空軍省フィールドマニュアル、付属書B「法規と低強度紛争」一九九〇年）と公文書マニュアルで指導しています。

日本政府・外務省が「一般に、受入国の同意を得て当該受入国内にある外国軍隊及びその構成員等は、個別の取り決めがない限り、軍隊の性質に鑑み、その滞在目的の範囲内で行う行為について、受入国の法令の執行や裁判権等から免除されると考えられています。」とする考え方の根拠は「古典的な規則」（米国）であり、拠り所とする

「個別の取り決め」が「日米地位協定」です。

説明文後半の「すなわち、当該外国軍隊及びその構成員等の公務執行中の行為には、派遣国と受け入れ国の間で個別の取り決めがない限り、受入国の法令は適用されません」との説明の根拠となる「個別の取り決め」も「日米地位協定」のことであり、自ら受入国の法令適用を阻む協定を結び、それを根拠に「適用されません」と説明していることになります。

猿田佐世さんが地位協定の内容を「自発的対米従属」と呼ぶ理由がお分かりいただけたと思います。このような自虐的な協定を締結以来六十年以上も放置している日本政府の姿勢を変えさせることができるのは、この国の主権者である個々の国民の力です。

日米地位協定の改定問題は、七十年以上も前の敗戦で失ったこの国の主権を取り戻すことであり、戦後の占領政策からの真の脱却を目指すために必要な論議といえます。米国の「属国」関係から脱却し、「対等なグローバル・パートナーシップ」を実現するためにも、そろそろ日米地位協定問題の解決に本腰を入れていきましょう。

世界のなかの日米地位協定　◎　目次

# はじめに

猿田佐世

米軍機ファントムが横浜の民家の上に落ち、9人が死傷した。米軍から連絡を受けすぐに飛んできた自衛隊救難ヘリは、血まみれの被害者を放置し、パラシュートで降下した無傷の米兵だけを乗せて飛び立っていった。被害に遭った2人の男の子は全身に大やけどを負い、病院で「痛いよ、熱いよ」と苦しんだ末、3歳のゆう君は「パパ、ママ、バイバイ……」と言いながら、1歳のやす君は「ぽっぽっぽ……」と鳩ぽっぽの歌を口ずさみながら亡くなっていった。幼子を亡くした母和枝さんも、四年四ヶ月の闘病の末、亡くなる。

これは、一九七七年に起きた米軍ジェット機墜落事故である。

私が、和枝さんの父土志田勇さんの講演を聴いたのは事故後三十年近く経ってからであった。少しでも多くの方にこの事件のことを伝えたいともう80歳を越えていた土志田さんは懸命に活動を続けておられた。講演を聴いた当時、私は、事件のことをほとんど知らず、自分の無知が本当に恥ずかしかった。一九七七年は私が生まれた年である。私が平和に幸せに育てられていたその時に、同じ関東平野の空の下でこんなに苦しんだ家族があったなんて。和枝さんの手記は涙で読み進められなかった。今、さらにあれから十五年以上が経ち、自分も子どもを持つようになって、改めてこの事件の悲惨さが身にしみる。

どうして、米軍機が彼らの上に落ちなければならなかったのか。どうして彼らは真っ先に救助を受けられなかったのか。どうして加害者は起訴も処分もされなかったのか。どうして加害者は謝罪にも来ず、いつの間にか帰国したのか。何をとっても、不条理なことばかりである。

米軍が日本に駐留することに伴って起きる多くの不条理。その幾つもの不条理の原因は日米地位協定である。日米地位協定は一九六〇年に締結されてから今日まで一度も改定されていない。しかし、一九七七年のこの事件まで遡る必要もなく、地位協定に関する問題は毎年のように生じている。ここ何年かだけを取り上げても、沖縄では米軍が消火剤として使用し発がん性も指摘される物質ＰＦＡＳにより飲み水が汚染されて大問題になっているし、日本の検疫を経ずに入国する米兵が米軍基地を抱える自治体に新型コロナウイルスを感染急拡大させた。常に大きな問題になり、改定を、と叫ばれる日米地位協定。しかし、改定に向けて話が進むことはこれまでなかった。

日米地位協定の問題は、どれをとりあげても怒りを禁じ得ないが、何よりも怒りがぶつけられるべきは日本政府である。どれだけの命が失われても、環境が破壊されても、人々が眠れない夜を年中過ごさなければならなくても、「アメリカに運用の改善を求めた」と言っては実際にはほとんど変わらないという状況が続いている。

テレビのある討論番組に出演した際、「なぜ一度、地位協定の改定を真剣にアメリカに訴えないのか」という私の発言に、「そんなことをしたらガラス細工のようにしてできあがっているこの日米関係が壊れてしまう。あなたにはそれが分かっていない」とある元外務官僚が答えた。本当にそうだろうか。

日本以外の、米軍が駐留している他国の人々は声を上げ、その声を受けた各国政府は米国と向き合って、わずかずつでも一歩一歩、地位協定を改定し、事態を改善させてきている。それは、日本同様に大規模な米軍のプレゼンスをかかえるドイツでもイタリアでも韓国でも起きている現実である。どうして日本政府は、改定を米国政府に提起しないのか。

つまるところは、日本国民は自国政府にその態度を許し、ドイツ国民やイタリア国民、韓国国民はそれを自国政府に許さなかったということなのだが，私たち日本国民は本当にそれでいいのだろうか。

二〇一八年には全国知事会が全会一致で地位協定の改定を求める提言を採択した。地位協定の改定を求める人々の声は，例えば保守的と知られる産経新聞による世論調査においても80パーセントを超えている（産経新聞社・FNN世論調査二〇一六年五月）。地位協定改定の機は熟している。日本政府に改定にむけた交渉を始めさせなければならない。

本書は、地位協定に関して生じてきた様々な問題を、日本国内法の適用除外特権、米軍施設・区域の排他的管轄権（第二章）、航空機・ヘリ事故時の対応（第三章）、航空機訓練による危険・爆音（第四章）、刑事裁判権および身柄拘束（第五章）、アメリカに対して損害賠償請求もできない現実（第六章）、環境問題（第七章）、米軍駐留経費負担（第八章）と分け、それぞれについて具体的な事例を取り上げながら問題点を解説している。また、日米地位協定と同様の条文についての他国の米国との地位協定の例を示し、日米地位協定がどのように改定されるべきかについての提言も掲載した。加えて各章間に、ドイツ・イタリアの事例や、現地調査も踏まえたグアム・フィリピンの米軍基地にまつわる出来事について等の研究成果を読みやすくまとめたコラムも充実させた。

本書は、私が代表を務める新外交イニシアティブ（ＮＤ）の地位協定プロジェクトチームで調査を行い、研究員で各項目を分担して研究・執筆を行ったものである。新外交イニシアティブ（ＮＤ）は、日本に存在する多様な声が実際の外交に反映されるよう政策提言を行うシンクタンクであるが、まさに、日米地位協定こそ、日本の圧倒的多数の声がその改定を求めながら実際の外交にその声が届いていない決定的な例である。

一見とっつきにくい地位協定であるが，本書を手に取って下さった方がこれを身近に感じ、他の国々で尽力した人々の努力に励まされながら、日米地位協定の改定にむけて声を上げる、本書がそんな機会に繋がることを切に願っている。

# 第一章　地位協定の概要

## 1．日米地位協定締結に至る経緯

一九四五年、日本は第二次世界大戦に敗れ、アメリカ軍によって占領されました。敗戦から六年八ヶ月が過ぎた一九五二年四月二十八日、前年九月に調印したサンフランシスコ平和条約が発効し、日本は独立を回復します。通常、占領が終わり、平和条約が結ばれると、占領軍は撤退します。しかし、同平和条約と抱き合わせる形で、日本とアメリカ合衆国の安全保障を目的として、日本に米軍を駐留させることなどを定めた旧日米安全保障条約が締結されました。これにより、米軍は日本駐留の新たな法的根拠を与えられることになったのです。あわせて、日本の施政権下にある米軍による施設・区域の使用のあり方や日本における米軍の地位について定めるものとして、日米地位協定の前身となる日米行政協定が締結されました。この協定は、日米間に「占領国」対「被占領国」という歴然とした力関係がある中で結ばれたため、米軍に優位な、不平等性が強い内容でした。

一九六〇年、旧日米安保条約にかわり、新日米安保条約（以下、「日米安保条約」という）が締結されたことに伴い、従前の日米行政協定に代わるものとして日米地位協定が締結されました。この際、不平等性が強い規定がほとんど見直されることなく日米地位協定へと引き継がれ、その後六十年以上が経過する現在まで一度も改定がなされませんでした。そのため、日米関係が対等な関係となったはずの現在もなお、占領軍と被占領者という関係に基づく不平等な規定を随所に残し、日本の人々の人権や身体、財産の安全を侵害する事態を生じさせています。また、環境問題や新型コロナウイルス等の感染症の問題など、地位協定締結当時には想定されていなかった問題も起きており、時代の流れに合った新たな取り決めが求められています。

このような理由から、日米地位協定の改定を求める声が広がっています。

## 2. 日本駐留米軍の規模

日本には約56，118人[*1]の米軍人が駐留しており、一位のドイツ（35，104人）、二位の韓国（25，883人）を超え、海外駐留アメリカ軍人の33・7パーセントを駐留させる日本は世界最大の駐留国です。また、日本がアメリカ軍に提供している基地・施設の面積は126，828エーカー[*2]で、世界第三位となっています。そのことにも伴い、駐留米軍人に起因する看過できない問題が日本国内で数多く発生しています。なお、特に沖縄県には、他県よりも大規模に米軍が駐留しています。

＊1　二〇一九年三月三十一日現在

＊2　約513平方キロメートル（東京都区部の約8割）

【日米地位協定関連年表】

| | |
|---|---|
| 1951年 9・8 | サンフランシスコ平和条約、旧日米安保条約調印。 |
| 52年 2・28 | 日米行政協定締結。 |
| 52年 4・28 | サンフランシスコ平和条約、日米安保条約発効。 |
| 59年 6・30 | 米統治下の沖縄・石川市（現うるま市）の宮森小学校近くに、米軍F100D戦闘機が墜落し、校舎に突っ込む。児童12名を含む18名が死亡し、重軽傷者は児童156名、一般54名にのぼった。 |
| 60年 1・19 | 新安保条約、日米地位協定に調印・発効。 |
| 68年 6・2 | 九州大学箱崎キャンパスに、米軍ファントム偵察機が墜落。 |
| 71年 6・17 | 沖縄返還協定調印。 |
| 72年 5・15 | 沖縄、日本復帰。安保条約、日米地位協定が適用に。 |
| 77年 9・27 | 米軍厚木基地から飛び立ったファントム偵察機が横浜市の住宅地に墜落。幼児2人と母親の3人が死亡、他6人が重軽傷を負った。 |
| 82年 2・26 | 嘉手納基地周辺住民が米軍機の飛行差止めと損害賠償請求の訴訟を提起（第1次嘉手納基地爆音訴訟）。一審、控訴審ともに、損害賠償は認められたものの、差止めは棄却。※ |
| 95年 9・4 | 沖縄本島北部で、3米兵による少女暴行事件が発生。 |
| 95年 9・19 | 大田昌秀沖縄県知事、河野洋平外相に抗議し、日米地位協定見直しを要請。 |
| 95年 10・21 | 「少女暴行を糾弾し、地位協定見直しを要求する沖縄県民総決起大会」に8万5千人が参加。 |
| 96年 3・19 | 95年11月に返還の恩納村通信所跡の汚泥から、PCB、カドミウム、水銀等の有害物質が検出。汚泥の処理について、米軍は原状回復義務の免除を盾に、引取拒否。自衛隊基地で保管後、福島県で処理へ。 |
| 12・2 | 日米両政府が沖縄の米軍基地の整理・縮小について協議したSACO（Special Action Committee on Okinawa〈沖縄に関する特別行動委員会〉）最終報告提出。 |
| 2000年 3・27 | 嘉手納基地周辺住民が、第二次爆音訴訟を提起。一審、控訴審ともに、損害賠償は認められたものの、差止めは棄却。 |
| 02年 10・29 | 普天間基地周辺住民が、普天間基地での飛行差止めと損害賠償請求訴訟を提起したものの、差止めは棄却。 |
| 04年 8・13 | 沖縄国際大学（宜野湾市）に、米軍CH53D大型ヘリが墜落し、爆発炎上。事故現場を米軍が占拠し、地位協定などを盾に沖縄県警他全ての日本側の立入りを制限。 |
| 06年 5・1 | 日米両政府により在日米軍「再編実施のための日米のロードマップ」発表。 |
| 12年 2・8 | 日米両政府により「在日米軍再編に関する日米共同報道発表」発表。在沖海兵隊のうち約1万人について、グアムをはじめオーストラリア、フィリピン、ハワイ等に分散移転することを盛り込む。 |
| 10・1 | 沖縄県民多数の反対を押し切り、米軍普天間飛行場にMV-22オスプレイが配備。 |
| 13年 8・5 | 沖縄県本島中部の米海兵隊基地キャンプ・ハンセン敷地内に、米軍HH60ブラックホークが墜落。放射性物質などによる汚染調査のため、宜野座村が墜落現場への立入りを要請したのに対し、米軍がこれを拒否。 |
| 16年 4・28 | 沖縄県うるま市に住む当時20歳の女性を、嘉手納基地に勤務する元海兵隊員が強姦、殺人および死体遺棄する事件が発生。その後の裁判の結果、被疑者は無期懲役刑が確定。 |
| 12・13 | 沖縄県名護市沿岸に普天間飛行場所属のMV-22オスプレイが墜落・大破。 |
| 17年 10・11 | 沖縄県東村高江の民間牧草地に、普天間飛行場所属のヘリコプターCH-53Eが墜落・炎上。 |
| 18年 10・1 | 東京横田基地に米軍CV-22オスプレイが配備。2024年までに同型5機が追加配備予定。 |

※その他にも、これまでに横田基地（東京都）、厚木基地（神奈川県）、岩国基地（山口県）、小松基地（石川県）の周辺住民により爆音訴訟が提起されている。

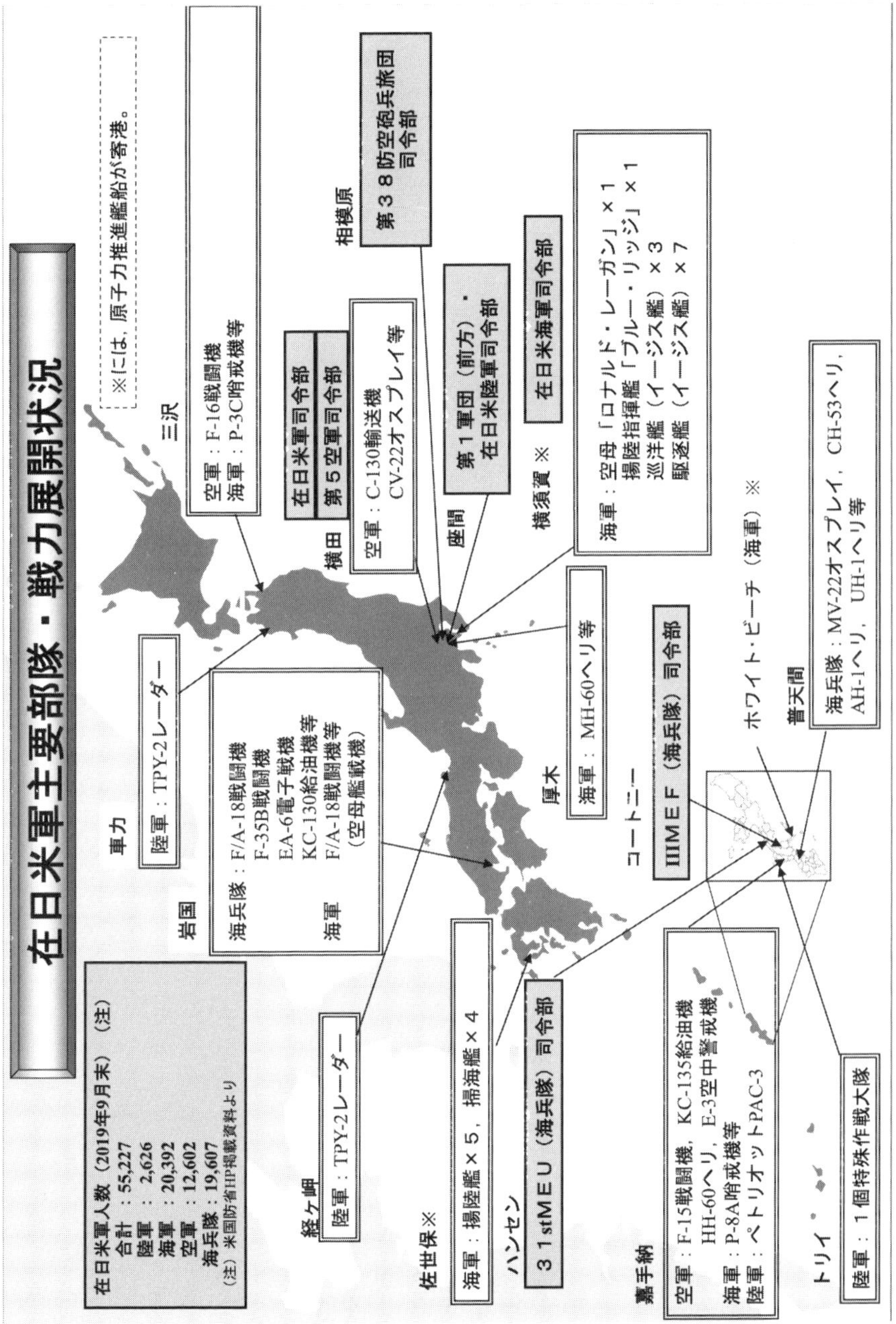
在日米軍主要部隊・戦力展開状況
在日米軍人数（2019年9月末）（注）
合計 ：55,227
陸軍 ： 2,626
海軍 ：20,392
空軍 ：12,602
海兵隊：19,607
（注）米国防省HP掲載資料より
※には，原子力推進艦船が寄港。
三沢
空軍：F-16戦闘機
海軍：P-3C哨戒機等
車力
陸軍：TPY-2レーダー
岩国
海兵隊：F/A-18戦闘機
F-35B戦闘機
EA-6電子戦機
KC-130給油機等
海軍 F/A-18戦闘機等
（空母艦載機）
経ケ岬
陸軍：TPY-2レーダー
佐世保※
海軍：揚陸艦×5，掃海艦×4
ハンセン
31stMEU（海兵隊）司令部
嘉手納
空軍：F-15戦闘機，KC-135給油機
HH-60ヘリ，E-3空中警戒機
海軍：P-8A哨戒機等
陸軍：ペトリオットPAC-3
トリイ
陸軍：1個特殊作戦大隊
横田
在日米軍司令部
第5空軍司令部
空軍：C-130輸送機
CV-22オスプレイ等
相模原
第38防空砲兵旅団司令部
座間
第1軍団（前方）・在日米陸軍司令部
横須賀※
在日米海軍司令部
海軍：空母「ロナルド・レーガン」×1
揚陸指揮艦「ブルー・リッジ」×1
巡洋艦（イージス艦）×3
駆逐艦（イージス艦）×7
厚木
海軍：MH-60ヘリ等
コートニー
IIIMEF（海兵隊）司令部
ホワイト・ビーチ（海軍）※
普天間
海兵隊：MV-22オスプレイ，CH-53ヘリ，
AH-1ヘリ，UH-1ヘリ等

米軍の駐留人数（2019 年 3 月 31 日現在）

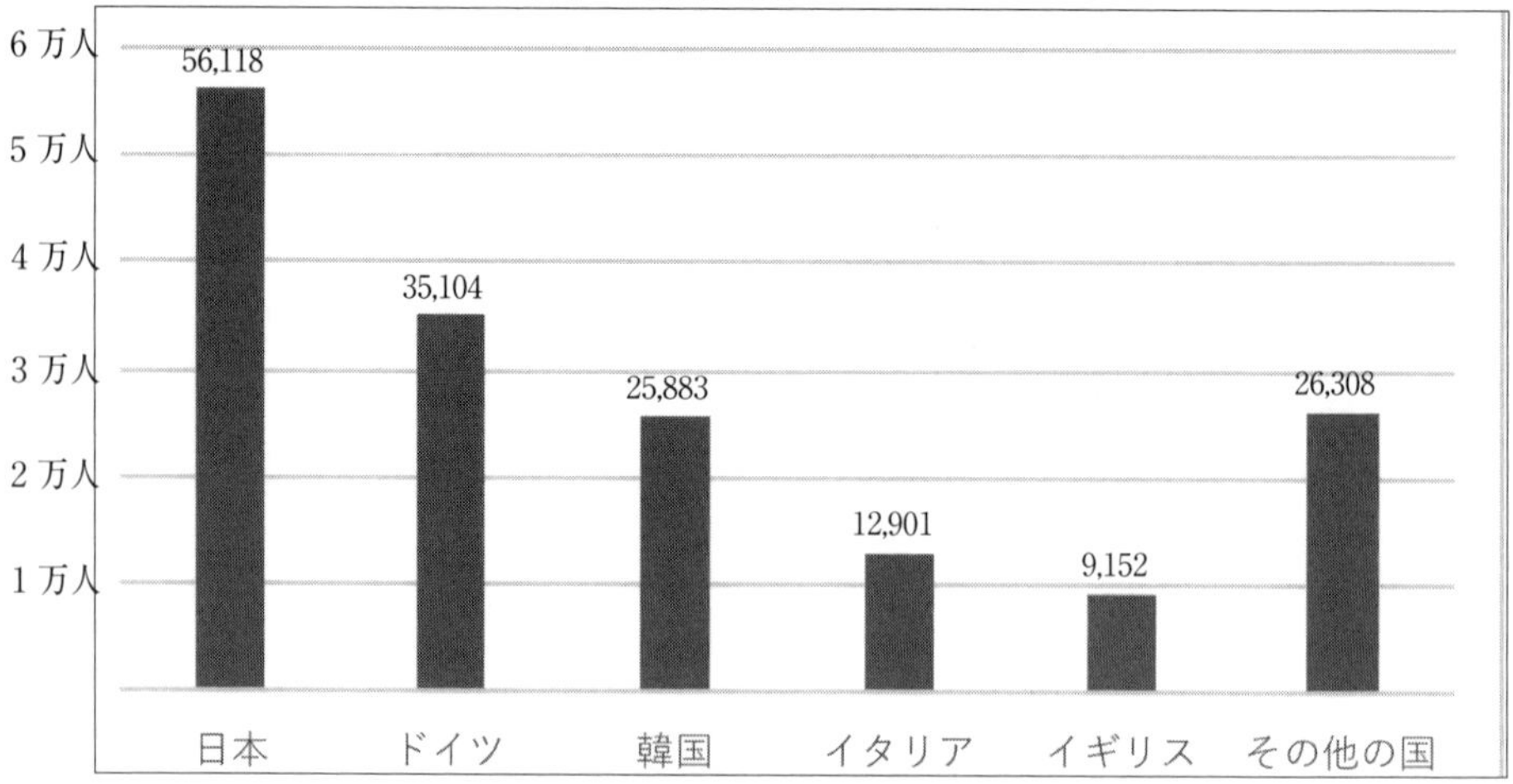


米国外の駐留人数及び日本の割合（2019 年 3 月 31 日現在）

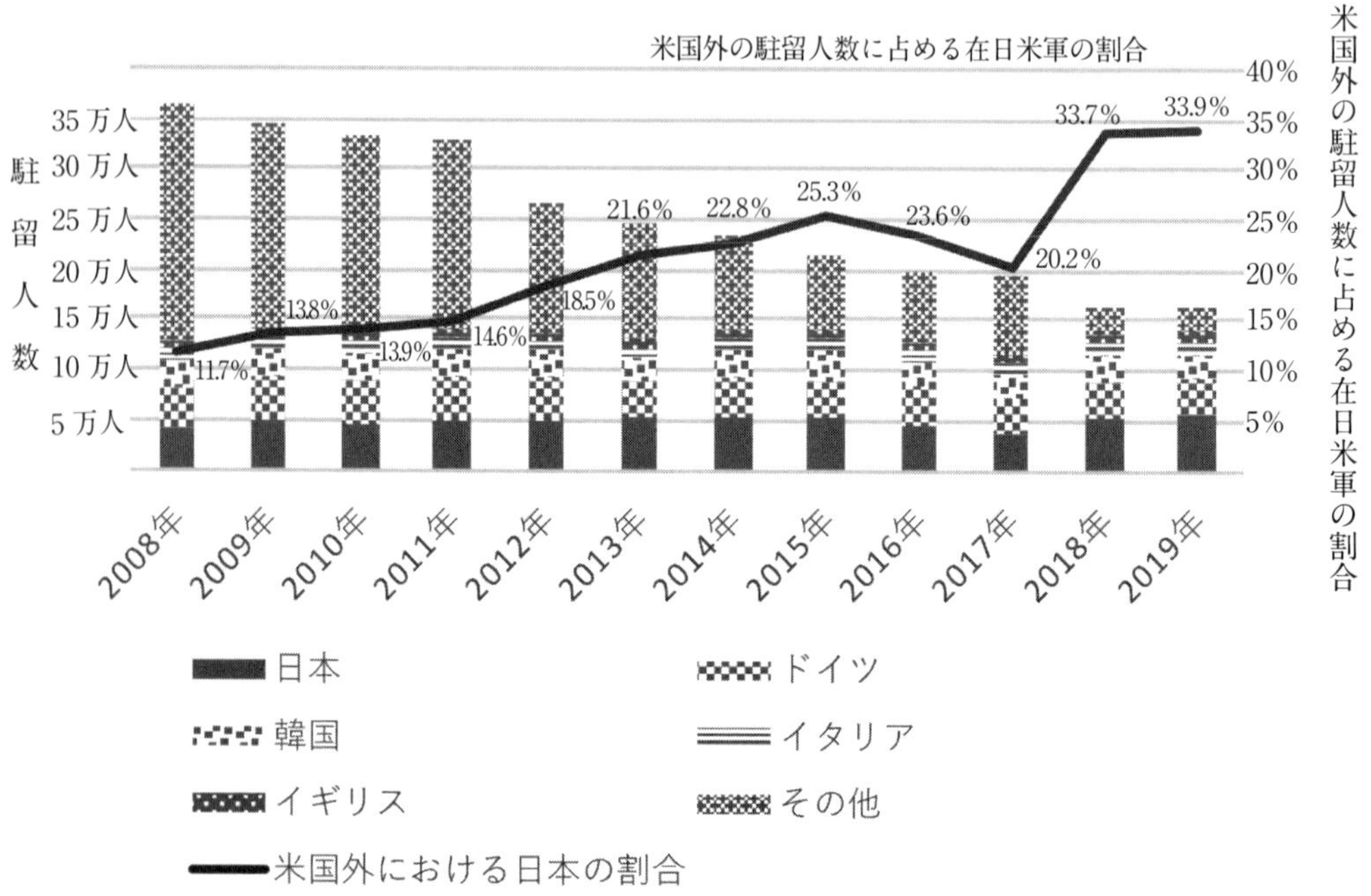


＊ www.pref.okinawa.jp/site/chijiko/kichitai/sofa/documents/us-mil-number201903-1.pdf

## 3. 地位協定上の諸問題

日米地位協定には、主要なものだけでも次のような問題点があります。

### (1) 日本法の不適用・国際法違反

以下、本書であげる(2)~(7)の問題を含む地位協定についての問題のもっとも根幹には、米軍に日本の国内法が適用されないという根本的な問題があります。そのため、地位協定の条文上ないし解釈上、日本側は様々な権利を制限され、結果、数々の問題が生じています。

### (2) 日本側費用負担・税免除・特権

日米地位協定上、米軍駐留経費について日本が支出するのは、米軍への施設提供に伴う土地の賃料、周辺対策費等のみであり、日本から提供された基地の運営、維持・管理等の関連経費はすべてアメリカの負担となるとされています。[*3] それにもかかわらず、いわゆる「思いやり予算」として、地位協定の規定を逸脱した巨額の財政支出が続いています。

### (3) 事件・事故時の対応

基地外において米軍による事件や事故が発生した場合、基地外であるにもかかわら

＊3　日米地位協定第二十四条（巻末資料202頁）参照

ず日本側の捜査権が制限されています。二〇〇四年に沖縄県宜野湾市にある沖縄国際大学へ米軍普天間基地所属の大型ヘリコプターが墜落した際には、沖縄県警や宜野湾市長、沖縄県副知事、外務省政務官までもが現場への立ち入りを拒否されました。

### ⑷ 刑事裁判権・身柄拘束

米軍基地周辺で生活する人々は、終戦以降現在に至るまで長きに渡り米兵による犯罪に苦しんできました。そして、日米地位協定で定められている刑事裁判権の制限及び被疑者米兵の日本への身柄引渡の制限等により、これらの犯罪は、日本でもアメリカでも裁かれることなく終わるケースが依然として少なくありません。

### ⑸ 民事賠償

日本国内で米軍が不法行為を行った場合、その損害賠償は日米地位協定第十八条によって処理されます。同条には不法行為が公務中の行為による場合、公務外の行為による場合双方の規定が存在しますが、それらの規定はその内容自体不合理であったり、国際的に見ても米軍に一方的に有利であったりする等、多くの問題点を抱えています。

### ⑹ 環境問題

在日米軍施設内で環境汚染が発生した場合、基地内への立ち入り調査は認められておらず、[*4]汚染調査が困難になっています。また、米軍は基地を返還した際もその土地の原状回復義務を免除されており、[*5]返還軍用地の再利用に支障が生じてもいます。

＊4　日米地位協定第三条1項（巻末資料185頁）参照

＊5　日米地位協定第四条1項（巻末資料185頁）参照

### (7) 航空機訓練による危険・爆音

昼夜問わずの飛行訓練により、基地周辺の地域では、健康被害を含む深刻な爆音被害が生じています。それに対し数々の飛行差止め訴訟が提起されているものの、差止め権限が日本の裁判所にないとして認容されていません。また、米軍機には飛行高度を定めた航空法の適用が除外されているため、超低空飛行による騒音被害も深刻となっています。

コラム1

# 日米合同委員会＝ブラックボックス（密室）＝密約製造マシーン

日米地位協定のもうひとつの根本的な問題は、この協定の解釈や運用がブラックボックスの中で決められているということです。

日米地位協定第二十五条は、「この協定の実施に関して相互間の協議を必要とするすべての事項」に関する日米両政府の協議機関として、「合同委員会」を設置するとしています。この合同委員会において、地位協定の解釈や運用について話し合いがなされ決定されていきますが、その議論過程は非公表、それどころか決定事項であってもその相当部分については日米双方の同意がない限り非公表とされ、国民に明らかにされることはありません。その秘密主義はどこまでも徹底しており、合同委員会の議事録を情報公開請求しても、ほぼ100パーセント不開示となります。たとえ国会議員であっても知る方法がないのです。

合同委員会は日米政府により二週に一度開催され、日本側代表には外務省の北米局長が、アメリカ側代表には在日米軍司令部の副司令官が就きます。実質的な協議は合同委員会の下に設けられた35以上の「分科委員会」や「部会」で行われ、最終的に合同委員会で「合意事項」として承認されています。

合同委員会では、在日米軍に関わる事項を広く協議し、例えば、基地・施設や演習場のための土地の強制収容・使用、米軍機の訓練による騒音公害や墜落事故、米軍機優先の航空交通管制、米軍関係者の犯罪、基地の環境汚染などについて話し合われています。どの問題も日本に住む人々の生命・財産・生活に直結する問題ばかりです。

この密室において、様々な密約が生み出されてきました。

例えば、米軍の犯罪について「日本にとっていちじるしく重要な事件以外は裁判権を行使しない」という刑事裁判権の放棄や、米軍人・軍属の被疑者の身柄をできる限り日本側で拘束せず米軍側に引き渡す、といったこれまでの「密約」も合同委員会で決められてきたことです。

また、例えば、首都圏の上空をすっぽりとおおうように米軍の「横田空域」が設定され、日本の飛行機が自由に飛ぶことを許されていないのも、合同委員会の密約によるものです。

本書で指摘する地位協定の様々な問題点には、地位協定上に根拠がなく、日本の国内法上の法的根拠もない、というものも少なくありません。その幾つもが、合同委員会による密約で決められたものなのです。

憲法の規定をも無にするような決定が、一部の官僚の手により簡単になされ、その決定内容も議論過程も公開されない、そんなことが許されて良いはずはありません。

（参考：吉田敏浩著『「日米合同委員会」の研究』創元社）

# 日米合同委員会 組織図

2022年7月現在。
（　）は設置年月日。
（注）以下「代表」及び「議長」は日本側代表・議長を示す。

## 日米合同委員会

- 日本側代表　外務省北米局長
- 代表代理
  - 法務省大臣官房長
  - 農林水産省経営局長
  - 防衛省地方協力局次長
  - 外務省北米局参事官
  - 財務省大臣官房審議官

### 分科委員会等

- 気象分科委員会（S35.6.23）
  - 代表　気象庁長官
- 基本労務契約・船員契約紛争処理小委員会（S35.6.23）
  - 代表　法務省大臣官房審議官
- 刑事裁判管轄分科委員会（S35.6.23）
  - 代表　法務省刑事局公安課長
- 契約調停委員会（S35.6.23）
  - 代表　防衛省地方協力局在日米軍協力課渉外調整官
- 財務分科委員会（S35.6.23）
  - 代表　財務省大臣官房審議官
- 施設分科委員会（S35.6.23）
  - 代表　防衛省地方協力局在日米軍協力課長
  - 海外演習場部会
    - 議長　水産庁漁政部長
  - 建設部会
    - 議長　防衛省地方協力局地方協力企画課長
  - 港湾部会
    - 議長　国土交通省港湾局長
  - 道路橋梁部会
    - 議長　国土交通省道路局長
  - 陸上演習場部会
    - 議長　農林水産省経営局長
  - 施設調整部会
    - 議長　防衛省地方協力局地方調整課長
    - 議長　防衛省地方協力局沖縄調整官
  - 施設整備・移設部会
    - 議長　防衛省地方協力局提供施設課長
  - 沖縄自動車道建設調整特別作業班
    - 議長　防衛省地方協力局沖縄調整官
  - SACO実施部会
    - 議長　防衛省地方協力局沖縄調整官
- 周波数分科委員会（S35.6.23）
  - 代表　総務省総合通信基盤局長
- 出入国分科委員会（S35.6.23）
  - 代表　出入国在留管理庁出入国管理部長
- 調達調整分科委員会（S35.6.23）
  - 代表　経済産業省貿易経済協力局長
- 通信分科委員会（S35.6.23）
  - 代表　総務省総合通信基盤局長
- 民間航空分科委員会（S35.6.23）
  - 代表　国土交通省航空局交通管制部長
- 民事裁判管轄権分科委員会（S35.6.23）
  - 代表　法務省大臣官房審議官
- 労務分科委員会（S35.6.23）
  - 代表　防衛省地方協力局労務管理課長

米側代表　在日米軍司令部副司令官
代表代理
在日米大使館公使
在日米軍司令部第五部長
在日米陸軍司令部参謀長
在日米空軍司令部副司令官
在日米海軍司令部参謀長
在日米海兵隊基地司令部参謀長

- **航空機騒音対策分科委員会**（S38.9.19）
  代表　防衛省地方協力局安全対策室長
- **事故分科委員会**（S38.1.24）
  代表　防衛省地方協力局参事官（訓練・安全担当）
- **電波障害問題に関する特別分科委員会**（S41.9.1）
  代表　防衛省地方協力局在日米軍協力課渉外調整官
- **車両通行分科委員会**（S47.10.18）
  代表　国土交通省道路局長
- **環境分科委員会**（S51.11.4）
  代表　環境省水・大気環境局総務課長
- **環境問題に係る協力に関する特別分科委員会**
  代表　外務省北米局審議官（H14.11.27）
- **日米合同委員会合意の見直しに関する特別分科委員会**（S53.6.29）
  代表　外務省北米局日米地位協定室長（S53.6.29）
  - **軍属作業部会**
    議長　外務省北米局日米地位協定室長
    議長　防衛省地方協力局在日米軍協力課渉外調整官
- **刑事裁判手続に関する特別専門家委員会**（H7.9.25）
  代表　外務省北米局参事官
- **訓練移転分科委員会**（R4.1.28）
  代表　防衛省防衛政策局日米防衛協力課長
- **事件・事故通報手続に関する特別作業部会**（H9.3.20）
  代表　外務省北米局日米地位協定室長
- **事故現場における協力に関する特別分科委員会**（H16.9.14）
  代表　外務省北米局参事官
- **在日米軍再編統括部会**（H18.6.29）
  代表　外務省北米局日米安全保障条約課長
  防衛省防衛政策局日米防衛協力課長
- **検疫・保健分科委員会**（R4.1.28）
  代表　外務省北米局日米地位協定室長
  厚労省医薬・生活衛生局検疫所業務課長

〈外務省のウェブサイトより〉

コラム２

## 米軍の特権を支える外務省機密文書「日米地位協定の考え方」

「日米地位協定の考え方」（以下、「考え方」）とは外務省が作成した機密文書です。日米地位協定の条文ごとに外務省による解説が記載され、米軍の運用を支えるマニュアルとなっています。文書の目的は、米軍の日本国内における運用が、国内法と矛盾しないよう、対外的に説明することとです。初版は一九七三年に外務省条約局とアメリカ局（現・北米局）によって作成されました。

背景には一九七二年の沖縄返還時、それまで何の法的制約なしに運用されてきた在沖米軍基地を日本の法体系下に置くと、規定どうしの競合が起き整合性が取れなくなる事態を外務省が心配したということがあります。米軍基地の運用に様々な問題が生じるだろうと予測した外務省は、対応マニュアルとして機密文書「考え方」を作成したと言われています。

一九八三年に「増補版」が外務省条約局条約課によって作成されました。当時から現在にいたるまで、外務省は「考え方」に示される地位協定の解釈を使用し、米軍の特権を守っています。

「考え方」における地位協定の解釈からは、米軍の特権を優先する外務省の姿勢が透けて見えます。

例えば、犯罪を起こした米兵に対する米軍の身柄拘束についての緩やかな取り扱いを外務省は批判もせず追認しています。地位協定では米兵が公務外で罪を犯した場合、第一次裁判権は日本にあるとされています。しかし起訴前に米兵が米軍基地内に逃げ込んだ場合、日本側に起訴されるまで米側には身柄を日本側に引き渡す義務はありません（詳しくは第五章）。身柄拘束の状態は米軍側の裁量に委ねられ、米兵の基地内における自由移動を認める場合があります。そのため米兵が犯罪の証拠隠滅を図り、最悪の場合には逃走してしまうケースもあります。

しかし、「考え方」において外務省は米側の身柄拘束について「拘禁されている場合のみならず、より広い意味で身柄が米側に拘束されていれば十分」とし、米軍の緩やかな身柄拘束を認めています。外務省が米被疑者の身柄拘束の徹底を米側に強く求めないために、裁かれるべき犯罪が裁かれず、被害者が泣き寝入りを強いられています。

別の例をあげれば、多くの住民被害が出ている米軍の低空飛行訓練を、外務省は制限なく認める立場をとるという問題があります。米軍の低空飛行訓練は騒音（爆音）被害を起こし（詳しくは第四章）、飛行機事故のリスクがあるなどその危険性が指摘されています。

しかし「考え方」によれば外務省は、日本の領空における米軍の訓練は「直ちに我が国の社会秩序に影響を及ぼすものではない」とし、射爆撃以外の飛行訓練を認めています。

外務省の解釈は、住民被害を救済せず、制限のない米軍の低空飛行訓練を容認する土台となっています。

さらに、米軍支援のために国内法を改正した事例も、外務省の「考え方」には明記されています。

一九七二年、米軍は、神奈川県横浜市でベトナム戦争で損壊した戦車を修理し、相模原補給廠から横浜港桟橋まで陸上輸送していました。当時の横浜市長は、数十トンを超える米軍戦車の陸送は車道を傷める危険性があるとして、道路の維持保護のため「車両制限令」を出しました。車両制限令とは、道路の維持・保護のため、規定の重量や路幅を超える車両の通行を制限するものです。これにより米軍戦車の陸送に制限がかかりました。米軍は陸送を断念します。

この事態を重く捉えた外務省や時の政府は車両制限の改正を閣議決定しました。これにより米軍戦車の横浜市での陸上輸送が認められてしまいました。

日本政府は国内法を変え、米軍の違法状態を合法化し米軍の運用を支えたのです。外務省はこのような前例を「考え方」に記し、今後の米軍の運用の参考にしています。

日米地位協定の問題については、これまで様々な自治体や首長、国会議員等から度重なる改定要求が出てきています。

一九九六年に大田昌秀沖縄県知事が、二〇〇〇年に稲嶺惠一沖縄県知事が改定案を提出しました。沖縄県の知事らは地位協定改定や過重な基地負担軽減をアメリカ政府に直接訴えるため、訪米もしています。同年に当時の民主党も改定案を作成しました。

二〇〇二年には沖縄弁護士会の改定案や河野太郎議員を含めた超党派の議員連盟による改定案も発表されています。二〇一八年に全国知事会で地位協定の抜本改定を含む提言が全会一致で採択されました。

これらの強い改定要求があるにもかかわらず地位協定は一九六〇年に締結されて以降、一度も改定されていません。改定についての地位協定第二十七条は、改定要求はいずれかの政府からもいつでも要請でき、交渉が可能であるとしています。

しかし、「考え方」において、外務省は度重なる改定要求に対しては、「政府は改定を想定していない」という記述を強調しています。外務省にとって地位協定改定という選択肢は無いと断言しているも同じです。

「考え方」の中には、国会で米軍と地位協定の問題を追及された場合に、「答弁に苦慮するだろう」と予測している記述もあり、外務省は自ら米軍の運用に問題があり地位協定の解釈に無理があると自覚していることがわかります。外務省は「考え方」を通して、国内法や地位協定を恣意的に解釈し米軍特権を優先しているのです。外務省、日本政府は「考え方」の記載内容や使用目的に関して国民への説明責任を果たし、米軍優先ではなく住民の被害が生じないよう、姿勢を改めねばなりません。

# 第二章　日本国内法の適用除外特権、米軍施設・区域の排他的管轄権

地位協定の規定や運用に関する具体的な問題を考える前に、これらの問題の根底にある、日本国内法の適用が除外されるという米軍の特権や、米軍施設・区域の排他的管轄権[*1]について触れておかなければなりません。こうした特権を地位協定が規定し、あるいは日本政府が追認することによって、日本側は様々な点で主権を制限されており、他国では許されないような数々の実害が生みだされているのです。

## 1. 米国に忖度する日本政府

本書冒頭の「発刊によせて」で一部触れられていますが、ここで日本政府の姿勢のよくわかる外務省のウェブサイトの記載について改めて整理しておきたいと思います。

外務省は、地位協定について解説するウェブサイト「日米地位協定Q＆A」において、「米軍には日本の法律が適用されないのですか。」との問いに対し、次のように記しています。

「一般に、受入国の同意を得て当該受入国内にある外国軍隊及びその構成員等は、個別の取決めがない限り、軍隊の性質に鑑み、その滞在目的の範囲内で行う公務につい

＊1　日米地位協定第三条（巻末資料185頁）参照

て、受入国の法令の執行や裁判権等から免除されると考えられています。すなわち、当該外国軍隊及びその構成員等の公務執行中の行為には、派遣国と受入国の間で個別の取決めがない限り、受入国の法令は適用されません。以上は、日本に駐留する米軍についても同様です。」

このように日本政府は、「個別の取決め」がない限りは、米軍の公務について日本の法律を適用しない、と明言をしています。しかし、後でみるように、ドイツ、イタリアをはじめ米軍が駐留する各国では、まさに「個別の取決め」を結ぶことによって、米軍に国内法が適用できるよう、協定を改定してきているのです。日本政府はこの六十年、改定に否定的な姿勢を示し続けていますが、この米国に忖度するような姿勢こそが、日米地位協定が不平等であることの根本的な要因とも言えます。

なお、日本政府のこのような姿勢は、近年、右記Q＆Aの記載をめぐり問題となった経緯にも現れています。このウェブの説明は、実は二〇一九年一月十一日に修正された後のもので、修正前は次のような記載でした。

「一般国際法上、駐留を認められた外国軍隊には特別の取決めがない限り接受国の法令は適用されず、このことは、日本に駐留する米軍についても同様です。このため、米軍の行為や、米軍という組織を構成する個々の米軍人や軍属の公務執行中の行為には日本の法律は原則として適用されませんが、これは日米地位協定がそのように規定しているからではなく、国際法の原則によるものです。」

修正前の説明については、日本国内から「国際法にそのような原則はない」という批判がなされ、また、アメリカ国務省の国際安全保障諮問委員会「地位協定に関する報告書」（二〇一五年）でも「当該国の法令適用が国際法の原則」との指摘がありました。もっともらしい理由をつけて、米国に有利な協定を正当化するような説明を続けてきた日本政府の姿勢には、驚くほかありません。

## 2．国内法の適用除外

具体的に、どのような法律が米軍に適用されるか、されないか、ということについては、協定が明文で示しているものもありますが[*2]、多くは個別の解釈によってなされています。例えば、本書で紹介した外務省機密文書「日米地位協定の考え方」（増補版）には、外務書による次の解釈が示されています。

「施設区域内における軍隊としての活動には騒音規制法の適用がなく、また、米軍の行う弾薬庫の設置、建築、埋め立て等にはそれぞれ火薬類取締法、建築基準法、公有水面埋め立て法等の適用はないものと解せられている」

諸外国を見ると、当事国の対応によって国内法が適用されるようになった例もあります。（p5「5カ国比較表」参照）例えば、ドイツでは、NATO軍の低空飛行訓練に対して批判が高まったことをきっかけに、ドイツ政府は、NATO軍の立場に配慮しつつも、ドイツ側の意向を組み込んだ原則を提案し、ボン補足協定（ドイツ駐留NATO軍地位補足協定）の改定を実現しました。これにより、ドイツ空域での演習の実施についてはドイツの当局の同意が必要とされることとなりました。また、イタ

＊2　日米地位協定第九条2項（巻末資料187頁）、第十四条3項（同193頁）参照

リアは、一九九八年に、低空飛行訓練中の米軍機による事故で民間人20名が死亡するという事件が起こったことで、米軍の低空飛行に対し、実質的な飛行禁止措置とも評価しうる厳しい規制をかけました。現在では、駐留米軍が軍事訓練や演習を行うときは、イタリア政府（軍）の許可を受けなければならないとされています。

これに対して、日本では、国内法が適用除外されている事実が日本政府により問題視されているとは言い難い状況にあります。日本でも米軍軍用機による墜落事故が幾度も繰り返されていますが、事故が発生した場合、それが基地外であったとしても日本側の捜査権は制限されており、[*3]また、軍用機の飛行についても、飛行高度を定めた日本の航空法が適用除外とされているために、低空飛行訓練を禁止して事故を予防することもできません。

また、軍用機の騒音問題についても、差止め権限が日本の裁判所にないとされ、司法による救済が否定されており、問題解決には程遠い状況が生じています。[*4]

それにもかかわらず、日本政府は地位協定を改正し、これらの場面に日本の国内法を適用させようとするための行動を取ろうとはしていないのが現状です。

このような中で、高度60メートルでの超低空飛行を行うオスプレイが日本全国を飛行し、重大事故への懸念が高まっていることをも考えれば、早急に米軍への日本国内法（航空法）の適用除外の規定・解釈を改める必要があるのではないでしょうか。

＊3「第三章　航空機・ヘリ事故時の対応」参照

＊4「第四章　航空機訓練による危険・爆音」参照

## 3. 米軍施設・区域の排他的管轄権（日米地位協定第三条）

地位協定では、第三条によって米軍施設・区域の排他的管轄権が定められています。施設・区域に対する米軍の排他的管轄権は絶対的で、日本側には基地内への立ち入り権すら認められていません。[*5] 米軍基地は日本国内にありながら事実上アメリカの領土であるということの最大の原因が日米地位協定第三条なのです。

米軍の施設・区域は日本国内にある以上、属地的には国内法が適用されるはずですが、外務省の「日米地位協定の考え方」によれば、「施設・区域に対してわが国の法令が属地的に適用があっても、法令の執行のために施設・区域内の米軍の活動が結果的に諸種の規制を受けることとなったのでは、軍隊としての機能を維持できず、任務を有効に遂行しえないこととなるので、その限りにおいては協定上明文の規定がある場合を除きわが国の法令の適用は、排除されることとなると考えられる。」との立場を示しているため、属地主義は有名無実化し、事実上、米軍基地への「治外法権」を付与したに等しい状況が存在しているのです。

具体的被害の例としては、基地として使用されている土地について、日米双方の環境に関する法の適用がなく、環境問題が深刻化しているという問題があります。[*6]

これに対して、韓国では、一部事項について基地への立ち入りや調査が認められて

＊5　同条1項（巻末資料185頁）参照

＊6「第七章　環境問題」参照

います。例えば、韓米地位協定では環境条項が創設されており、基地内での汚染については各自治体が基地に立ち入って調査できる「共同調査権」が確立されています。ドイツでも、一九九三年のボン補足協定改定に際して[*7]、米軍を含め国内に駐留する外国軍基地に対し、ドイツ国内法の順守や基地返還後の環境浄化責任を義務付け、自治体による基地内の立ち入り調査を認める内容に改めました。

## 4．派生する様々な問題点

このように、日本国内法の適用を除外し、基地内における米軍の排他的管轄権を認めていることは、日本政府が自国の主権の制約を許容し、負担を甘受するという姿勢の現れであり、この姿勢が、他の様々な地位協定の条文上ないし解釈上の不平等な処遇につながっています。

その中でも大きな問題が司法権侵害です。[*8]特に刑事事件においては、日本の刑事裁判権が制約されており、重大犯罪を犯したにもかかわらず日米いずれでも処罰されないケースがあります。

この他、日本法不適用の問題としては、返還基地の原状回復義務の免除に伴い原状回復費用を日本が負担しなければならなくなっていることもあげられます。[*9]また、米軍人及びその家族に関するものとして、米軍構成員の出入国自由特権[*10]により、日本政府が米軍基地から日本に出入りするアメリカ人をチェックできないことや、米軍、軍人及びその家族に対して経済的優遇措置が与えられていること等[*11]があります。この出

＊7　ドイツ駐留NATO軍地位補足協定

＊8　日米地位協定第十七条（巻末資料195頁）、第十八条（同197頁）参照。「第五章　刑事裁判権および身柄拘束」「第六章　アメリカに対して損害賠償請求もできない現実」参照

＊9　日米地位協定第四条1項（巻末資料185頁）参照

＊10　日米地位協定第九条（巻末資料187頁）参照

＊11　日米地位協定第十一条3項（189頁）参照

入国自由特権は新型コロナウイルスの流行の際、検疫が米軍任せとなっているために、基地周辺自治体に米軍由来の感染が拡大するという事態を招きました。更に、問題点として、米軍の武器の調達が防衛装備移転三原則の抜け穴になる可能性があること、[*12]米軍が一般国際法上の潜水艦の浮上義務[*13]や、原子力潜水艦入港の事前通告義務を怠っているにもかかわらず、日本がこれを容認しているといった点が挙げられます。

## 5．結論

ここで指摘した問題点の分析・検討、改善策の提示については各論の項で詳述しますが、このように、日本国内法の適用除外特権や、米軍基地・区域の排他的管轄権などの重要な問題が全ての問題の根底にあることをまず指摘しておきます。

＊12　日米地位協定第十二条（巻末資料190頁）参照

＊13　潜水艦は、他国の領海内に入る場合には、浮上し、国旗を掲げて航行するという義務

コラム3

# 各国地位協定比較～イタリア編～

イタリアにも米軍基地があり、アメリカ軍との間に地位協定が締結されています。イタリアはNATOの原加盟国で、イタリア国内への米軍駐留は、NATO条約三条を根拠としています。ただ、この第三条には、どの地域のどの施設をアメリカ軍の使用に供するかについては書かれていません。

その後、冷戦の激化に伴い、米軍基地によって共産陣営を包囲する戦略をアメリカ政府が打ち立てたことで、この三条だけでは不十分だとの考えがイタリアとアメリカの間でも高まりました。

そこで一九五一年に初めてイタリアとアメリカとの間に米軍基地に関する地位協定が締結されます。それ以来、追加の協定が一九五四年と一九九五年に結ばれました。

一九五四年に締結された追加の協定は、冷戦の激化を理由にイタリア議会の議決で秘密扱いとされました。内容は、一九五一年に締結された協定を基礎にアメリカ軍による施設の使用に関する具体的な原則を確定していると見られています。

一九九五年に結ばれた追加の協定は、ドイツの協定が改定されたことに対応したものとなっています。

ここでは、日米地位協定との比較および米軍駐留に対する世論の動向について、述べたいと思います。

## ここが違う伊米地位協定

伊米地位協定と日米地位協定を比較して、大きく違うところが二つあります。

一つ目が、イタリアの主権がほとんどの事項についてアメリカに優位的に定められていることです。

イタリアの米軍基地には、必ずイタリア軍の司令官がいて、アメリカ軍が活動しようとするときは、必ずイタリア軍の司令官に伺いを立てなければなりません。また、米軍の活動にはイタリアの国会で作った法律がすべて適用されます。

各基地には州レベルでの地域委員会が設けられていて、自治体から出される飛行ルートの変更といった要望は、委員会等を通じて米軍に受け入れられています。

二つ目は、基地の管理権や立ち入り権が、イタリアには認められていることです。

既に本章で述べた通り、日米地位協定第三条1項では「合衆国は、施設及び区域において、それらの設定、運営、警護及び管理のため必要なすべての措置を執ることができる。」と明記されており、日本側による施設・区域内への立ち入り権は認められていません

イタリアでは、米軍基地がイタリア軍の司令部の下に置かれ、イタリア軍の司令官は基地の全ての区域にいかなる制約も受けずに自由に立ち入ることができることが明記されています。

## 米軍基地に対するイタリア世論の動向

地位協定でイタリアの主権が優位的に定められていることや、イタリア駐留米軍が、イタリア国民にNATO軍の一部としてしか捉えられていないことから、米軍駐留についてイタリア国内では、大きな反発はありませんでした。

しかし、一九九八年に低空飛行訓練中の米軍機がイタリア北東部にあるスキー場のゴンドラに接触。ゴンドラのケーブルを切断したことで、ゴンドラ搭乗中の乗客20人全員が死亡する事故が起きました(チェルミス・ロープウェイ事故)。事故を起こした操縦士らは、アメリカの軍法会議にかけられ、過失致死については無罪となりました。

この事故についてのイタリア国民の反米感情は強く、イタリアとアメリカは、イタリアにおける米軍機訓練飛行に関する委員会を立ち上げました。

委員会によって取りまとめられた「トリカリコ・ブルーアー報告」は、アメリカの国防長官とイタリアの国防大臣によって合意され、イタリアにおける

米軍機の飛行は大幅に規制されることになりました。

イタリアは、このような世論の高まりを背景として、地位協定の改定や新たな協定の締結交渉に臨み、それを実現させています。

そうして、イタリアの法律や規則を米軍にも適用させ、イタリアの主権を確立、米軍の活動をコントロールしてきたと言えます。

しかし、米兵が犯した犯罪について裁判権は確立されているものの、刑の執行については課題を抱えています。

チェルミス・ロープウェイ事故と同形の米軍機

二〇〇四年と二〇一四年には、イタリア北部の町ビチェンツァで米兵による婦女暴行事件が発生しました。二〇〇四年の事件は、イタリアの裁判所で米兵に対し有罪が言い渡されたにもかかわらず、米兵は帰国。その後、彼はイタリアで目撃されていません。

二〇一〇年～一五年の間で米兵が絡んだ事件は、暴行や過失致死など２００件発生しており、すべてイタリアで起訴されています。しかし、イタリア国内の刑務所に収監されたのは、二〇一五年に１人だけです。

二〇一六年のアメリカ大統領選挙にあわせ、米兵による婦女暴行事件が発生したビチェンツァでは、米軍の撤退を求める抗議集会が開かれ約２００人が集まりました。

ビチェンツァでは二〇一七年にも抗議集会が開かれており、米軍基地への反発が高まりました。

## 基地住民の意見を尊重するイタリア政府

イタリア政府は、前掲のアメリカ軍機によるロープウェイのゴンドラ接触事故を契機として駐留米軍と自国民の関係を問い直し、アメリカ政府と交渉、地位協定を改定することでアメリカ軍の訓練に対し規制を強化しました。

先述のように日米地位協定の運用については日米合同委員会で決められています。委員会でどのような協議がなされたのか国民には明らかにされていません。

国民とりわけ基地周辺住民と向き合わず密室で進められていく外交。対して、イタリア政府は、基地周辺住民の声を外交に活かしました。アメリカ軍機によるゴンドラ接触事故の発生当時、外務大臣として事故対応に当たったランベルト・ディーニ氏は、沖縄の問題についてこう話します。

「沖縄が抱える問題は、日本の政治家が動いて条約を勝ち取らないと解決が難しい。」

「米国の言うことを聞いているお友達は日本だけだ。世界の状況を見れば、米国が日本を必要としていることは明らかなのだから、そこをうまく利用して立ち回るべきだ。」

ランベルト・ディーニ氏

# 第三章　航空機・ヘリ事故時の対応

## 1．相次ぐ悲惨な事故

米軍機による事故が相次いでいます。特に、半世紀を経てもなお沖縄の人々に強く記憶されているのが、一九五九年六月三十日に起きた宮森小学校への米軍機墜落事故です。米軍嘉手納基地所属のＦ１００Ｄ戦闘機が突然火を噴いて操縦不能となり、米国統治下の沖縄・石川市（現・うるま市）の宮森小学校近くの住宅地に墜落。機体は家屋をなぎ倒しながら宮森小学校に突っ込み、校舎に激突しました。この事故により、児童12名を含む18名が死亡し、重軽傷者は児童１５６名、一般54名に上りました。また、機体から漏れ出した大量の燃料に火が付き、校舎３棟を始め民家17棟、公民館１棟が全焼、校舎２棟と民家８棟、幼稚園が損壊する大惨事となりました。沖縄では事故直後に抗議行動が行われ補償要求も行われましたが、米軍が支払った補償金は被害者側が要求したうちの一割程度の総額11万９０６６ドルにとどまりました。

その後も、特に米軍基地の集中する沖縄では米軍機による事故が相次いでおり、一九七二年の日本復帰以降から二〇一九年末までの間に起きた航空機関連の事故は８１１件にのぼります。

◎米軍機墜落直後の宮森小学校付近の惨状。

また、事故の際の対応をみてみると、警察など日本の当局が主導して捜査を行うことが許されず、アメリカ側が捜査をしている現実があります。これはアメリカ側の警察権が日本側の警察権に優越しているためであり、日米両政府による合同委員会での協議を記録した「合意議事録」や「日米ガイドライン」といった取決めがそうした現状の根拠となっています。

### (1) 九州大学ファントム墜落事故

一九六八年六月二日夜、米空軍板付飛行場（現・福岡空港）に所属するＲＦ－４Ｃファントム偵察機が、当時、福岡市の九州大学箱崎キャンパスに建設中であった大型計算機センター（６階建て）に墜落する事故が起きました。大型計算機センターは５、６階が全壊し、炎上。パイロット２名は墜落直前にパラシュートで脱出したものの、ファントム機の残骸は建物にぶら下がった状態となりました。同センターは、事故前日まで工事等が行われていましたが、幸いにして、事故当日は日曜日であったことから人身被害はありませんでした。

事故発生直後、米軍、地元警察及び防衛施設庁（当時）が共同で現地調査を実施。同庁は米側に対し、遺憾の意を表すとともに、事故原因の調査、賠償の実施及び再発防止について適切な措置を講じるよう申し入れました。事故から４日後の同月六日、日米合同委員会が開催され、米側は事故原因が究明されるまでの間、必要な場合を除き夜間飛行はしないと言明。また、米側は同月八日、九州大学当局に対し、夜間飛行の中止に加え、米軍機が九州大学上空を飛行することを避ける措置を講ずる旨約束し

◎九州大学に墜落し炎上するファントム偵察機（一九六八年六月三日　琉球新報社提供）

ました。

### (2) 沖縄国際大学へのヘリコプター墜落事故

二〇〇四年八月十三日、米軍普天間飛行場に所属する大型輸送ヘリコプターCH－53Dが沖縄県宜野湾市にある沖縄国際大学の本館に衝突、墜落しました。機体は爆発・炎上し、乗組員3名が負傷。現場の沖縄国際大学構内や周辺の商業ビル、民家には50ヶ所以上にわたって事故機の部品が飛散しました。幸いにも、夏期休暇中であったため乗務員を除き奇跡的に人的被害は免れました。

事故直後、現場は米兵によって封鎖され、捜査にあたろうとした沖縄県警や取材をしようとした報道陣は排除されました。さらには、駆けつけた宜野湾市長や沖縄県副知事、外務省の政務官までもが現場への立ち入りを拒否され、米軍が基地外の民間地域においてでさえも排他的に警察権を行使する事態となりました。

### (3) 民間の牧草地へのヘリコプター墜落事故

二〇一七年十月十一日、米軍普天間飛行場に所属する大型輸送ヘリコプターCH－53Eが飛行中にエンジンから出火し、沖縄県東村高江区の牧草地に墜落、炎上しました。乗組員7人は無事で、被害者は出ませんでしたが、機体は原形をとどめないほど焼け、周囲には機体の一部や部品が散乱しました。現場周辺はすぐに、日米で定めた「米軍基地外での米軍機事故に関するガイドライン（指針）」に基づいて規制されました。事故機の半径100メートルほどの範囲を「内周規制線」として米兵と日本の警察が共同で管理し、数百メートル離れた県道近くに一般人を規制する「外周規制線」が沖縄県警によって設けられました。

ガイドラインに基づき、内周規制線内への立ち入りは米軍の合意が必要で、県警が入れたのは6日が経過した後でした。なお、この時の県警による調査は約一時間で、炎上地点から30～40メートルの地点でしか認められませんでした。炎上地点の調査がようやく認められた二十日には、既に米軍が事故機の残骸と深さ数十センチメートルまでの土壌を持ち去っており、日本側は機体の調査を行えませんでした。

なお、沖縄防衛局が残土の土壌サンプルを採取して調査した際、発がん性物質の「ベンゼン」などの有害物質が確認されたことについて、二〇一八年一月十一日に沖縄防衛局が事故現場の土地所有者に説明しました。この調査結果について、沖縄防衛局は沖縄県やマスコミに公表していません。

これと同型のヘリコプターはこの事故から三ヶ月後の二〇一七年十二月十三日にも、沖縄県宜野湾市の市立普天間第二小学校の運動場に、操縦席の窓枠を落下させるという事故を起こしています。幸い重度の怪我人は出ませんでしたが、重さ7・7キログラム、約90センチ四方の窓が枠ごと落下し、落ちた窓と児童との距離は十数メートルだったということから、一歩間違えれば人命に関わる深刻な事故であり、児童や保護者、市民・県民に与えた恐怖は計り知れませんでした。[*1]

相次ぐ米軍ヘリ事故の背景には、①米軍の整備能力の低下　②機体の老朽化　③事故につながる激しい訓練などが指摘されています。

◎高江の民間地に墜落・炎上したヘリコプター（二〇一七年十二月十日　琉球新報社提供）

＊1　保護者へのインタビューを65頁に掲載

### (4) 名護市安部へのオスプレイ墜落事故

二〇一六年十二月十三日、名護市沿岸で米軍普天間飛行場所属の垂直離着陸輸送機MV－22オスプレイが墜落、大破しました。海上保安本部（那覇市）は翌十四日に米軍に事故調査と捜査の同意を求めましたが、回答はありませんでした。中城海上保安部（沖縄市）は航空危険行為処罰法違反容疑で捜査を始めたものの、内周規制線の中に一度も立ち入ることはできず、共同捜査の申し入れにも米軍から返答が無いままでした。

## 2. 日本の当局が捜査を主導できない背景

なぜ、警察をはじめとする日本の当局が主導して捜査を行うことができないのでしょうか。これには二つの背景があります。

### (1) 基地外における米国側警察権の優越

本来は地位協定第十七条10項（b）において、基地外での事件・事故の際には、米軍の軍事警察が捜査・差押えまたは検証といった警察権を行使するためには日本の当局との連絡が必要であることが明記されています。つまり、基地外での事故に関してアメリカ側が一方的に警察権を行使することは出来ないよう取決められているのです。

しかし現状では、基地外での事故であってもアメリカ側が警察権を行使しており、ア

名護市沿岸に墜落したオスプレイ（二〇一六年十二月十三日
琉球新報社提供）

メリカ側の警察権が日本側の警察権に優越しています。

アメリカ側の警察権が日本側の警察権に優越する結果となったのは、一九六〇年の合意議事録[*2]によるものです。これは前述の日米地位協定第十七条10項（a）・（b）に関して、米国側が「米軍の財産」であると主張したものについて日本側が警察権を放棄することを定めたものです。さらに国内法である刑事特別法十三条[*3]においても、米軍財産に対する警察権の行使は米軍の権限ある者の同意が必要であるとされており、日本側の警察権は制限されています。

### ⑵ 日米ガイドラインによる日本側警察権制限の固定化

また、沖縄国際大学での事故を受け、二〇〇五年四月に日米合同委員会で策定された「米軍基地外での米軍機事故に関するガイドライン（指針）」7では、「合衆国側は、すべての残骸、部分品、部品及び残渣物に対して、管理を保持する」という規定があり、前述した米軍財産に対する日本側の警察権の制限および、基地外での事故について日本側の警察権の放棄を固定化しています。「運用改善」と日米両政府はアピールしましたが、実際には「運用改悪」で、日本は捜査権を事実上放棄させられています。

沖縄県は、地位協定改定要請書（平成二十九年九月）で、「施設や区域外での事故現場の統制は、本来、日本国の主導の下で行われるべきである」として、日本側統制の明文化を求めています。

＊2　第十七条10項（a）及び（b）に関する合意議事録

＊3「施設又は区域内の差押捜査等」条文を追加

## 3．各国比較

では、他国で米軍機による事故が生じた際にはどのような対応がなされているのでしょうか。

ドイツ、イタリアの米軍基地外における警察権に関しては、NATO軍地位協定第八十七条10項（b）を基礎として、ドイツの場合はボン補足協定二十八条、イタリアの場合は実務取り決め十三条に細かな規定があります。いずれの協定、取り決めでも受入国側の権限を強く保障する内容となっており、米軍基地外で事故が起きた場合は受入国側が主導権を持って捜査にあたることが定められています。

ドイツの場合、基地外での事故に関して米軍側の警察権の行使は「公共の秩序及び安全が脅かされる場合」のみに制限されており、NATO軍地位協定が定める通りに事故対応が行われています。二〇一〇年にドイツ南西部で起きたブラックホーク墜落事故[*4]では、事故直後に地元警察、消防が駆けつけ3人の兵士の死亡を確認すると共に米軍側へ報告。その後の検証作業は米軍が担当しました。

ボン補足協定ではドイツ側の有利な地位を保障しており、その多くの条項に国内法の尊重義務が含まれています。特に一九九三年における改正では、公共の秩序及び安全が問題となる場合に限ってではあるものの、ドイツ警察が米軍施設内であっても警察権を行使できるとした条文が付加され、ドイツ側の権限がより強化されました。

イタリアにおいては、前述のNATO軍地位協定を基礎としつつ、一九九五年に締

＊4　二〇一〇年二月三日、米空軍第一航空隊所属のへリコプター、ブラックホークUH-60がドイツ南西部マンハイム高速道路近くの森に墜落。事故現場近くのハイデンベルグには米軍の欧州司令部や米空軍基地があり、事故によって乗っていた3人の兵士全員が死亡した。

結された実務取決め十三条3項が基地外での警察権の所在を規定しています。取決めでは「基地の対外的保安についての責任は、イタリア当局のみが負うものとする。この対外的保安の責任を負う当局は、公共の秩序および安全を担当する機関であって、現地基地司令部およびイタリアの司令部と調整しながら対外的保安を確保する」とされ、イタリア側主導の下で捜査が行われることが明記されているのです。

一九九八年に米海兵隊所属の軍用機が起こしたチェルミス・ロープウェイ切断事故[*5]においては、事故直後に米海兵隊、イタリア空軍双方の事故調査委員会が合同で調査にあたり、それぞれに報告書を提出、またイタリア検察もイタリア国憲法百十二条に基づき公証検察官を派遣し独自に調査を行いました。

## 4．改善案

米軍基地外での米軍機事故および米兵に関する事件の際は、日本の当局が主導権を持って捜査にあたることが求められます。具体的には、下記を行うべきです。

(1) 基地外での米軍側の警察権を制限する日米地位協定第十七条の遵守

(2) 日米ガイドラインを改定し日本側が主導権を持って捜査にあたることを明文化

＊5　コラム3（45頁）「各国地位協定比較～イタリア編～」参照

コラム４

# ドイツにおける地位協定

二〇二一年現在約３６０００名の米軍兵が駐留しているドイツは、日本に次いで最も大規模な米軍基地を引き受けており、米軍にとって重要な拠点です。ドイツにおける地位協定はＮＡＴＯ（北大西洋条約機構）が基盤となっており、その始まりは一九五一年、米独間で結ばれた「相互安全保障法」の関連条約合意であるとされています。

その後一九五三年に締結されたＮＡＴＯ地位協定が一九五九年にドイツにおいて施行され、その際ボン補足協定が締結されました。ＮＡＴＯ地位協定は、ＮＡＴＯ加盟国における外国軍隊の地位についての概要的な協定である一方、ボン補足協定はＮＡＴＯ

日米とNATOの協定の枠組みについて

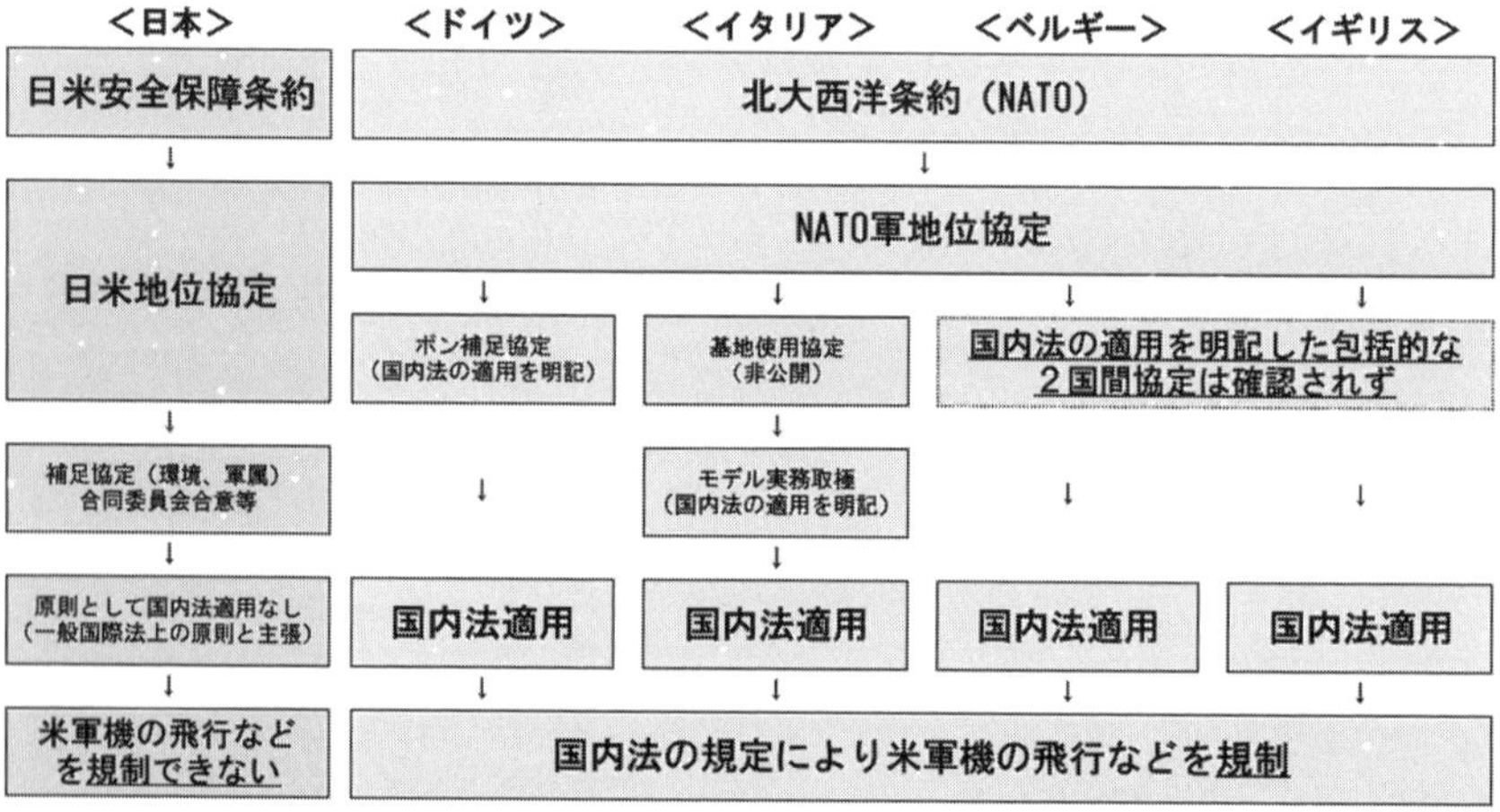

加盟国のうちドイツ国内に駐留する外国軍隊の地位や基地使用について規定した協定です。

一九五九年に結ばれたボン補足協定の問題点の一つが、米軍への社会保障の提供や刑事裁判権の免除などいくつもの点においてドイツにおける米軍の特権を認めていたことでした。つまり、この補足協定においてドイツの主権は著しく制限されていたのです。

ラムシュタイン米軍基地における米軍機衝突事故（1988 年）

一方で、一九八〇年代には米軍機による騒音や多発する事故などの問題をきっかけに、環境保護団体や平和団体、地元住民らの間で補足協定の改定を求める政治運動が活発化しました。

特に、一九八八年にはラムシュタイン米空軍基地での公開軍事演習中の米軍機衝突事故（死傷者411名）とレムシャイト市における米軍機墜落事故（死傷者56名）という二つの大きな事故が発生したことで、この政治運動に拍車がかかり、改定を求める世論が高まりました。

そして一九九三年、ドイツ再統合のタイミングでボン補足協定は大幅に改定されることとなりました。この改定による一番の変化は、原則的には米軍がドイツ国内法を尊重する義務を負うようになったということです。

例えば、改定版のボン補足協定は米軍関係者にもドイツ国内の刑事手続きが適用されるとしている他、厳しい環境保護規定を定める国内環境法や、低空飛行を規制する国内航空法も適用されると明記しています。

さらに、軍事演習中に大事故が発生したことを踏まえ、改定版には、米軍は軍事演習の際にドイツ国内の施設を使用する際にはドイツ当局に届け出をし、同意を得なければならないと記されています。

アメリカによるスリーマイル島原子力事故を受けて、
核兵器反対のデモに参加する市民の様子（1979年、ボン）

また改定版補足協定では、ドイツにおける米軍基地施設については「緊急の場合及び危機が差し迫っている場合」にはドイツ当局が事前通告なしに立ち入ることができるとされており、実際これまで自治体の米軍施設への立ち入りが認められなかったことはないとされています。

これらの変更によって、米軍に認められていた様々な特権は除かれ、米軍に対して厳しい規制が課されるようになったのです。

しかしながら、ボン補足協定改定を経ても課題は残っています。例えば、ドイツでは二〇〇一年九月十一日のアメリカにおける同時多発テロ事件をきっかけに射撃訓練が増え、その音に対する苦情が近隣住民から寄せられました。

さらに、米軍機の低空飛行は規制されているものの、民間機ほどは規制されていないのが現状です。最近（二〇一八年）の世論調査によると、42パーセントのドイツ国民が米軍撤退に賛成している一方、37パーセントは米軍残留に賛同しているとされました。

なお、日本の世論調査（二〇一七年）では、沖縄の米軍基地について「必要だ」（21パーセント）「やむを得ない」（50パーセント）と容認する意見が大多数を占めています。日本に比して、ドイツではアメリカとの軍事的関係が国民の間で必ずしも歓迎されていないことがうかがえます。

コラム5

## オスプレイ配備の問題とは

オスプレイは、両翼に回転翼（プロペラ）を備えることによって、ヘリコプターのように垂直に離着陸する機能をもちながら、長い距離を速く移動できるという固定翼機の機能も併せ持つチルトローター機と呼ばれる輸送機です。防衛省はオスプレイについて、米軍が輸送機として従来運用していたCH46ヘリコプターと比べ、4倍の行動半径、3倍の積載量、2倍の飛行速度をもつと説明しています。

日本では、MV－22と呼ばれる海兵隊向けの機体の配備が、二〇一二年十月から沖縄の米海兵隊普天間基地で始まりました。二〇二〇年一月現在、同基地に24機が配備されています。これとは別に、空軍仕様として夜間飛行能力（赤外線暗視装置など）が強化され、超低空飛行用の地形追随レーダーなどを備えたCV－22と呼ばれる機体が、二〇一八年十月から東京・横田米空軍基地に5機配備されています。横田基地には今後、二〇二四年までにさらに5機のCV－22が追加予定とされています。また、日本の自衛隊も導入を決定しており、陸上自衛隊の輸送機として佐賀空港にも配備されることが計画されています。

オスプレイはこのように日本各地に配備が進められていますが、他の航空機と比べ、事故率が高いことが指摘されています。米軍では、被害額が200万ドル（約2億2千万円　二〇二〇年）以上か、死者の出た重大事故をクラスAとしており、10万飛行時間当たりの事故発生件数を事故率として算出しています。この報告を見ると、MV－22のクラスAの平均事故率は、海兵隊保有の航空機でトップの2.50件とされ、CV－22のクラスA事故率は、さらに2倍以上も高い6.02件（いずれも二〇一九年九月末時点）とされています。

事故率の高さの背景として、追い風や先行機の後方乱気流に弱く、空中給油のリスクが高い点、離着陸時のダウンウォッシュ（吹きおろし）が強いために機体への影響が大きい点、そして緊急着陸の際に必要なオートローテーション機能がない点などのオスプレイの構造上の問題が指摘されています。

いくつか事故の例をみてみましょう。

日本に配備される直前、二〇一二年六月にアメリカ・フロリダ州でオスプレイ（ＣＶ‐22）の墜落事故が起きました。米軍の事故調査報告書では、２機編隊で低空飛行をしていたうちの１機が、先行機の後流（後方乱気流）の影響を受けたと報告されています。

また二〇一六年十二月、沖縄・名護市の浅瀬でオスプレイ（ＭＶ‐22）が墜落・大破した事故がありました。米軍によると、別の米空中給油機ＫＣ‐１３０から給油ホースで空中給油をする作業中、接続作業が何度か失敗する過程で、給油ホースとオスプレイのプロペラのブレード（羽）が接触し、ブレードが損傷したことが原因とされています。

二〇一七年八月にはオーストラリア沖で、オスプレイ（ＭＶ‐22）が輸送揚陸艦への着艦に失敗して墜落しました。米軍の報告書は、着艦時に機体から吹き下ろした風（ダウンウォッシュ）が揚陸艦に当たり、乱れた気流でバランスを失い墜落したと指摘しています。

オートローテーション機能が働かないことでも事故が起きています。オートローテーションとは、ヘリコプターのエンジンが停止し落下した際、下からの気流を利用してプロペラを回転させ、揚力を得ながら低速度で緊急着陸ができる機能のことです。防衛省はオスプレイもこの機能を持つと説明していますが、着地する速度を時速１３０キロメートルと示しており、危険な着陸となることは明らかです。米国防長官に専門的な知見を提供する米国分析研究所（ＩＤＡ）でオスプレイの主任分析官を務めたアーサー・リボロ氏は、二〇〇九年六月二十三日の米連邦議会下院の委員会で、オスプレイにはオートローテーション機能が無いことを証言しています。

オスプレイは日本への配備以前から、その安全性が問題視されていました。米メディアで「空飛ぶ恥(Flying Shame)」と揶揄され、民主党政権で防衛大臣も務めた森本敏氏も、事故率の高さから「未亡人製造機と呼ばれている」と指摘していました。

二〇一二年、日本で初めてオスプレイ(MV-22)が配備されることとなった沖縄県では大きな反対運動が起こり、10万人余の県民が結集する県民大会も行われました。この運動は、沖縄県内41市町村の全首長、議会議長、県議33人など計144人が東京で抗議の行進をし、オスプレイの配備即時撤回、および、米軍普天間基地の閉鎖・撤去、県内移設断念を求める「建白書」を日本政府・各省庁や米国大使館に提出するなど、従来にない大規模な反対運動に発展しました。

〝空飛ぶ恥〟オスプレイ

しかしながら日米両政府はオスプレイの配備を強行。その際日本政府は、当時の事故率が10万時間当たり1・93であったことを踏まえ、「MV-22は一貫して海兵隊航空機の平均を上回る安全記録を示している」と強調していました。現在の事故率は2・50になっており、平均どころか海兵隊保有機でトップの事故率となっていることを踏まえれば、国が示してきた安全性の根拠は崩れているといえます

なお、横田基地に配備されているCV-22が二〇一九年二月四日、正式配備後初めて沖縄・嘉手納基地に飛来しました。米空軍第18航空団は当初、「定期的な現地訓練の実施のため嘉手納基地に暫定配備をする」と仮訳を付けた広報文を発表。沖縄防衛局は「暫定配備」の仮訳に疑義があるとして米側に照会し「訓練のための一時的な飛来と聞いた」と述べましたが、嘉手納基地を拠点にする米空軍353特殊作戦群は八日、CV-22について「嘉手

納基地で定期的に訓練をする」と明言したといいます。日米両政府は、沖縄の人々が前述の「建白書」において、嘉手納基地へのCV－22配備計画についても撤回を求めていたことも忘れてはなりません。

日米地位協定に基づき、米軍は国内20県にまたがる6つの低空飛行訓練ルートを示しています（第四章参照）。オスプレイの事故による危険は、沖縄にとどまらず全国に広がろうとしています。

【インタビュー　1】

# 普天間第二小学校　窓枠落下事故について

二〇一七年十二月十三日午前十時八分ごろ、沖縄県宜野湾市の市立普天間第二小学校（宜野湾市新城二丁目）の運動場に、米海兵隊普天間飛行場に所属するCH53E大型輸送ヘリコプターの操縦席窓が落下する事故が起きました。当時、運動場では二年生と四年生の体育の授業が行われており、54人の児童がいましたが、幸いにも重度の怪我人は出ませんでした。しかしながら、重さ7・7キログラム、約90センチ四方の窓が枠ごと落下し、窓と児童との距離は十数メートルだったということから、一歩間違えば子どもの人命に関わる深刻な事故であり、児童や保護者はもちろん、市民・県民に多大な恐怖を与え

普天間第二小学校

ました。

なお米軍は、事故から6日後に同型機の飛行を再開。飛行ルートについても、防衛省との間で学校上空を「最大限可能な限り避ける」ことで合意したにもかかわらず、翌月の一月十八日には普天間第二小上空でヘリコプターの飛行が確認されました。

事故を受け小学校には監視員が配置され、上空付近に米軍機が確認されれば「逃げてください。逃げてください」等と拡声器での呼びかけがなされ、この指示に基づいて児童が避難するようになりました。この避難指示は、休み時間や体育の授業中など、多い時には一日に20回以上もなされ、事故から一年の避難回数は693回に上っています。

※監視員の配置は二〇一八年九月に解除され、その後は児童や教諭の判断で避難が行われています。

米軍機の墜落や部品落下の事故は沖縄では特に多く（第五章参照）、事故が繰り返される状況や、事故時の対応をめぐる日米地位協定による規定、事故後の日米両政府の対応をめぐっては様々な問題点が指摘されています。

今回、新外交イニシアティブ（ND）では、事故当時普天間第二小学校の二年生（8歳）だった児童の母親である、大城さんからお話を伺いました。

**――事故が起きた当時の様子を教えてください。**

**大城**　その日は仕事が休みで、事故が起きた時は家にいました。我が家は小学校の駐車場の真向かいなので、パトカーのサイレンの音がたくさん聞こえ、気になって外に出ました。駐車場や道路にはパトカーだけでなく報道関係の車も多く、何事かと思いました。たまたま、駐車場に新城区の区長さんがいて、学校内で米軍の事故が起きたことを聞きましたが、事故の内容や程度まではわからず、不安が大きかったです。

息子は体育の授業で運動場にいて、窓枠が落ちたところのすぐ近くにいたそうです。ただ、落下自体は見ていなかったようで、同じクラスの別の子が「何か落ちてくる」と言ったときにはもう落ちていたと言っていました。授業の後、気分が悪くなり保健室に行っていたとのことで、早退のために迎えに来てくださいと保健室から電話がありました。その日はもともとお腹の調子が少し悪かったのですが、事故があったこともあって、青ざめている感じでした。「怖い」とか、そういったことは言わなかったんですが、翌日は学校を休みました。

**――その後、息子さんの様子はいかがでしたか**

**大城**　事故の後二ヶ月ほど、学校に行くと頭痛や腹痛を訴えることが続いて、早退を繰り返していました。米軍機の音は家にいても聞こえるので、場所の問題があるのだと思います。息子と同じような症状が出た子も、学校全体で何人かはいたみたいですが、息子みたいに長引いた子はおらず、「大変だね」と声をかけられたりすることがよくありました。

担任の先生は息子のことを理解してくれる先生だったので、お互いに電話や連絡帳で息子の様子について報告や相談をしていました。少し気になるときには学校のカウンセラーの空いている日程を先生から教えてくださったりもしました。

また、息子が保健室へ行ったとき、熱が無かったために休ませてもらえないことがあったらしく、号泣して帰ってきたことがありました。学校としては、事故前の日常に早く戻してあげよう、という方針が

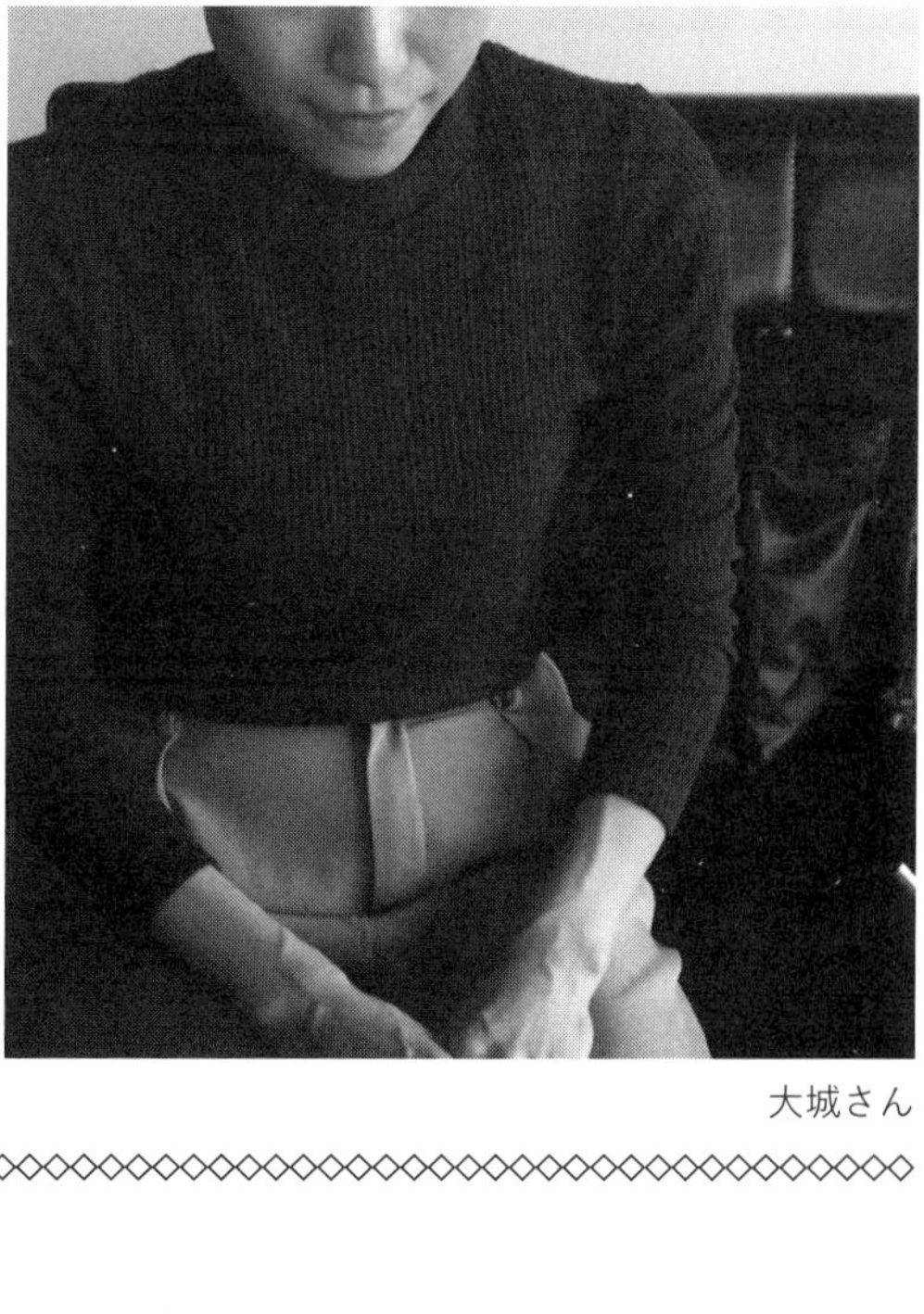
大城さん

あったのだと思いますが。その後からは、担任の先生が、明らかな熱などが無くても一回は休んでよく、それでもしんどい場合は保護者に連絡をとるという対応にしてくれて、どうにか過ごせていました。クラスの子から「しょっちゅう保健室行ってる」などとは言われなかったと言っているので、担任の先生が配慮してくれたんじゃないかと思っています。

息子には、二年生の終わり頃に新しいお友達ができ、三年生に学年が変わるときにそのお友達と同じクラスにしてもらえました。ちょうどその頃から、休んだり、早退することが急になくなりましたが、六月くらいまでは、体育の授業が運動場であるときだけは見学していたようです。本当に、あの先生が担任だったからこそ、今、普通に過ごせていると思います。

**――日本政府やアメリカ政府の対応の問題点や、気になっていた点があれば教えてください。**

**大城**　まず、アメリカ政府や軍は、謝罪こそしましたが、本当に謝る気持ちがあるとは思えません。本当に申し訳ないと思っているのだったら、学校に来て、子どもたちの前で謝るべきだと思います。また、結局、宜野湾警察署が事故として立件できなかったということが理解できません。子供たちの証言があって、映像もあり、まして基地の中でもなく小学校なのになぜ立件できないのでしょうか。これは日本政府に問題があると思います。

事故の後、避難指示を出すための監視員や、屋上にカメラを設置したりしたほか、運動場にシェルターが造られもしましたが、シェルターについては気休めとしか思っていません。落ちると気付いたときにはもう遅いですし、子どもの足で間に合うわけもありません。

校庭脇に造られたシェルター

監視員についても、授業参観の時にずっと携帯をいじっている姿を見たことがあり、とても腹が立ちました。

避難についても、ストレスがたまる一方だと思います。私も、日曜日に運動場でイベントをやっていた時に、避難指示を受けたことがありました。それも何度もあるので、誰も走って逃げないんです。こんな状況では体育の授業なんてまともにできないと思いました。

**――事故を受けて、ご自身に米軍基地に対する意識の変化はありましたか**

**大城**　実は、この事故の一週間前の十二月七日、下の子が通っている緑ヶ丘保育園でも、米軍機から部品が落ちる事故がありました。被害はありませんでしたし、子どもは小さかったのであまり分かっていなくて、そこは救いだったかなと思います。でも、一週間に二度続けて、直接の被害はないにしても子どもが米軍事故に巻き込まれたのは、とてもショックでした。

その後、保育園のお母さんたちが動きだして、再発防止や飛行禁止を求める署名集めをしていた際に、議員の方が資料を集めてもってきてくれました。その資料の中に、米軍機の飛行ルートについて取り決めたものがあり、それによると、緑ヶ丘保育園も、普天間第二小学校も、規定ルートの外にあったんです。でも、米軍機は毎日上を飛んでいる。私を含めてほとんどの人はルートのことを知らなかったので、驚きとともに、怒りが沸き上がりました。「え、なんで。飛んじゃいけないんじゃん」と。

また、事故が起きるまで飛行ルートのことを知らないままでいた自分に対しても、恥ずかしさというか、悔しさを覚えました。私は宜野湾生まれ宜野湾育ちで、緑ヶ丘保育園や普天間第二小学校に通っていたので、自分の真上に、パイロットが見えるくらい低いところを戦闘機が飛んでいくのは日常でした。うるさい中でもいつの間にか耳をふさぐこともしなくなっていて、この環境に慣れすぎていました。今回の事故を受けて、この状況はおかしいということに改めて気づかされました。大人の責任として、ずっとこのまま続けさせるのはいけないんじゃないかと思っています。

基地については、昔は完全になくなれば良いとは言えませんでした。基地の中で働いている家族もいて、基地があることで生活をしている人もいることはよくわかっていたからです。けれど今は、沖縄の観光収入が増えてきたこともあって、基地が生活のために必要なのかどうか、疑問があります。今は、少なくとも民間地の近くの基地は無くしてほしいと思います。家族でも、早く基地が無くなってほしいと話しています。それから、普天間基地を返還と言いながら辺野古に移設、というのも話が違うと思います。これだけ反対の民意が出ているにもかかわらず、無視されているように思いますし、もう少し沖縄の人のことを考えてほしいです。

**——地位協定の問題については、どのようにお考えですか**

普天間基地が隣接している小学校

**大城**　普通に暮らす中で、上から何かが落ちてくるような恐怖がないことを望みますが、事故の再発防止のためには、日米地位協定が変わらないといけないと思います。基地の外の、日本の民間地で起きた事故でさえ日本側が調べることができないっていうのは、やっぱりおかしいと思います。今回と同じような事故がアメリカで起きていたら、もっと大きな問題になっていると思うし、事故防止に向けた整備や点検にも厳しくなるんじゃないでしょうか。それが、日本だから、沖縄だから、という形で、甘い考えが米軍側に、兵士や整備士にもあるんじゃないかと思います。いつも事故や事件がある度に再発防止と言いますが、結局、事故は続いていますから。

いくらアメリカの基地だとしても、日本にあるんですから、問題が起きた時には日本の憲法や法律に従って、政府や警察がしっかり調べられるように、地位協定を改定してほしいです。基地が集中しているために沖縄が念頭にありますが、他の県にも基地はあるので、沖縄と似たような問題や、あるいは沖縄とはまた別の問題があるはずなので、全国的に日本の法律がちゃんと通用する社会になってほしいです。

アメリカ側は地位協定を変えたくないでしょうけど、日本側はもっと強く言わないといけないんじゃないでしょうか。いくら戦争で負けたとか、守ってもらっているということがあったとしても、強く言わないといけないと思っています。その意味では、アメリカ政府よりも、日本政府に対する怒りの方が強いかもしれません。沖縄を日本の一部として考えてないというような感じや、他人事の感じが伝わっていきます。

それから、日本の沖縄以外の地域の人たちにも、米軍基地や地位協定の問題に関心を持ってほしいと思います。今回の事故を受けて、本土から手紙やおもちゃが届くなど、沖縄が特に理不尽な状況に置かれていることを分かってくれる人が増えたと思いました。私たちも勉強をしないといけませんが、もっと多くの人たちが、他人事にせず関心を持ってほしいです。

# 第四章　航空機訓練による危険・爆音

## 1. 米軍基地近郊の爆音被害について

### (1) 被害の実態

「離陸するときには、突然、爆音が上から落ちてくるような、それはもう酷いもので、内臓が破裂するんじゃないかと思うほど」「空気を切り裂くような猛烈な金属音がして、何度も何度も聞いている音であるのに、その度に何事が起きたのかと思って驚いてしまうような音」――嘉手納基地周辺の住民は、戦闘機の発する音をこのように表現しています。嘉手納や普天間、横田基地などの米軍基地の近くに位置する地域では深夜早朝を問わず訓練が行われるため、このような著しい爆音被害が昼夜問わず生じています。

この爆音は、どのくらいうるさいのでしょうか。沖縄県と関係市町村が共同で実施している嘉手納及び普天間両飛行場周辺の「令和三年度航空機騒音測定結果報告書」によると、二〇二一年四月一日から二〇二二年三月三十一日の間において、両飛行場合わせて31の常時測定地点（嘉手納19地点、普天間12地点）で騒音の評価がなされ、このうち11地点（嘉手納8地点、普天間3地点）で、環境基準を上回る航空機騒音が確認されました。騒音の最大値は、嘉手納飛行場付近の砂辺で１１３８デシベル、普天間飛行場付近の上大謝名で１２３５デシベルとなっており、表1で他の騒音と比較すると想像を絶する音であることが分かります。一日あたりの騒音発生回数は、嘉手納飛行場付近の屋良で58・7回、普天間飛行場付近の上大謝名で33・5回が最高となっています。

このような爆音は、近隣住民に多大な影響をもたらします。例えば、長期間に渡って継続される爆音は、地域住民の安眠や学校教育の円滑な実施を阻害します。それだけでなく、騒音性聴力損失被害、高血圧、不眠症等の健康被害も引き起こします。一九九六年に沖縄県で行われた調査によると、嘉手納基地周辺に住む２０３５名のうち12名が「騒音性聴力喪失」と診断されました。また、同じ調査で、基地の近くに住んでいるほど聴力を失うリスクが上がることも分かりました。

一方、子供たちへの影響も深刻です。子どもたちの爆音被害として、低出生体重児の出生率の上昇、児童の記憶力低下、幼児の身体的・精神的要観察行動の多さ等が指摘されています。例えば、沖縄県高教組中部支部による騒音調査によると、中学校・高校の教師らは「子どもたちが落ち着かない」「真剣さがない、集中力がない」「注意力散漫」であるとしました。

これらの問題を受けて、全国で訴訟提起が繰り返されています。数々の訴訟において、基地周辺住民は、米軍機の飛行差止めと騒音被害についての損害賠償を請求してきました。これらの訴訟では、一部爆音による被害や国の責任が認められるものの、健康被害や差止め請求が認められないなど、まったく不十分な判決が出されてきました。

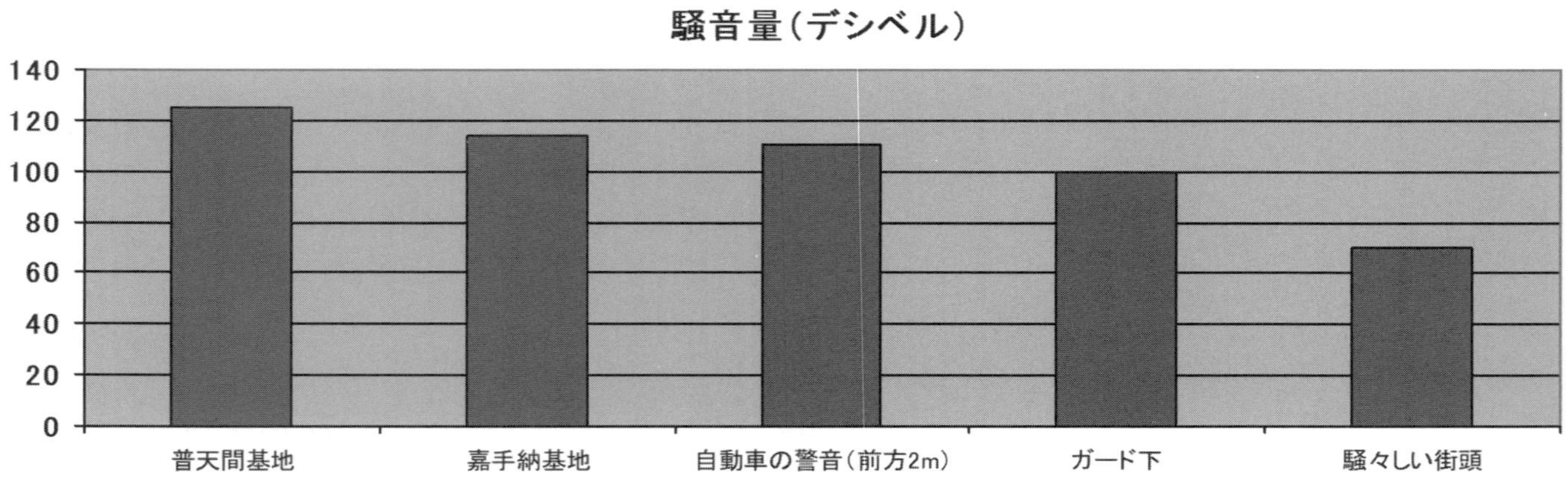
騒音量（デシベル）
140
120
100
80
60
40
20
0
普天間基地
嘉手納基地
自動車の警音（前方2m）
ガード下
騒々しい街頭

表 1

この他、厚木基地訴訟、横田基地訴訟、岩国基地訴訟、小松基地訴訟などがあり、例えば横田基地についての訴訟は10訴訟以上も起こされ問われ続けてきました。これらの数々の訴訟は、全国各地の基地周辺で、累計何十万人という人々が、何十年という長きにわたって日々騒音に苛まれている現状を物語っています。

## (2) 問題点とその背景

なぜこのような爆音被害が起き続けているのでしょうか。まず、日米の間で様々なことが合意されながら、これらの合意が守られていないことが挙げられます。例えば夜間訓練については、一九九六年三月二十八日の日米合同委員会において嘉手納基地と普天間基地につき、米軍は午後十時から翌朝六時までの夜間飛行を最小限度に抑えるよう努力することなどが合意[*2]されましたが、この合意は全く守られていません。

また、爆音そのものによる被害が甚大であることは言うまでもありませんが、これに加えて裁判上の問題点もあげられます。例えば、数々の訴訟に対する判決で、裁判所は、米軍機の爆音は違法だとして過去の分の損害賠償は認める傾向にあるものの、飛行の差止めについて認めたものはありません。つまり、「国に米軍を制限する権限がない」(第三者行為論[*3])といった判示がなされるのです。したがって裁判所自ら米軍基地爆音問題は違法な侵害だと認定しながら、司法的救済が閉ざされていることを裁判所自身が受け入れてしまっているのです。

更に、米軍機の爆音による被害に対する損害賠償請求が認容されても、米軍は実際には賠償せず、米軍の賠償金の支払い義務を日本政府が肩代わりしているのが現状で

＊2 「嘉手納飛行場及び普天間飛行場における航空機騒音規制措置」

＊3 「訴訟の当事者は国と国民であり、第三者である米軍の行為を国は止める権限を有しない」とされる特異な論理

す。[*4]

### (3) 各国比較

これらの問題について他国はどのように対応しているのでしょうか。日本と同じく米軍基地が置かれているドイツとイタリアの例を見てみましょう。

表2からも分かるように、ドイツ・イタリアでは米軍はそれぞれの国における騒音・爆音規制の法律に従うことが義務付けられており米軍機の使用にも規制がかかっています。この点で両国における米軍の取扱いは日本とはまったく異なります。もっとも、課題も残っています。例えば、ドイツでは二〇〇一年九月十一日のアメリカにおける同時多発テロ事件をきっかけに射撃訓練が増え、その音に対する苦情が近隣住民から寄せられており、米軍基地をかかえる各市の市長が改善を求めて米軍に働きかけています。また、ドイツ南部にあるアンツバハ米陸軍駐屯地では近年米軍機による騒音が悪化しており、住民らによる抗議活動が続いています。

### (4) 改善策

爆音被害の問題において、他国と比較をすることによって、日米地位協定やその運用の面での問題が際立ちます。これらの問題の解消に向けて、以下の改善策が求められます。

a．地位協定の問題点として、抽象的な文言が多く、具体的な安全対策が記されていないことが挙げられます。一二条の「相互協力」、六条の「緊密に協調」等の抽象的文

＊4　詳細は「第六章　アメリカに対して損害賠償請求もできない現実」で論じる

言を具体化し、日本国内の騒音規制法が米軍基地にも適用されるよう、日米地位協定で定める必要があります。

b．また夜間訓練についての合意など守られていない日米間の合意があることも問題です。日本政府から米軍に合意を守るように要請することはもちろん合意の内容について厳格化する必要もあります。例えば現在は夜間訓練を最小限に抑える努力をすることが合意されていますが、努力義務ではなく、罰則を加えるなどの厳格化が求められます。

c．前述の通り、裁判所の下す判決が問題を固定化しています。司法が自らの役割を自覚し、国の政策におもねった判断を回避するよう徹底する必要があります。

| 国名 | 爆音対応・対策 |
|---|---|
| ドイツ | 平日の午後1時から3時、週末の午後10時から朝6時まで、そしてドイツ祝日（終日）は“Quiet hours”（「静かな時間」）とされており、これらの時間帯は過度な音が出るような行動・活動を控えることが義務づけられている。また、夜間に就寝の妨げになるような大きな音を出すことも禁じられている。米軍もこの法律に従わなければならず、従わない場合は最大5,000ユーロの罰則が科せられる。また、それぞれの基地に「騒音軽減委員会」が設置されており、米軍機の使用が監視されているとともに、米軍機は休日・祝日の使用が認められていない。 |
| イタリア | 1990年代に騒音を規制する国内法が成立し、飛行場で発生する騒音についても音量が規制されるようになった。この国内法は米軍基地にも適用される。 |
| 日本 | 1996年の日米合同委員会にて夜間訓練を最小限に抑えることで合意したが、この合意は守られていない。また司法上、爆音被害が存在することは認定されているが、米軍の行動を規制したり、米軍側に損害賠償を請求することができない。 |

表2

## 2．米軍機の低空飛行訓練による被害について

### (1) 被害の実態

爆音被害に関連して、米軍機の低空飛行訓練が実施されていることも問題視されています。米軍は、アメリカ本土において住宅地上空などでの危険な低空飛行訓練は行っていません。しかしながら日本国内では「低空飛行訓練ルート」を設定し（図1参照）、低空飛行訓練を繰り返しているのです。低空飛行訓練ルートでは、地理的特性に応じ、山間や谷を縫って飛ぶ訓練やダムや目立つ建造物等を目標にして急降下、急上昇を繰り返す訓練などが行われています。その際に発生する騒音被害が住民の生活を脅かしているのです。

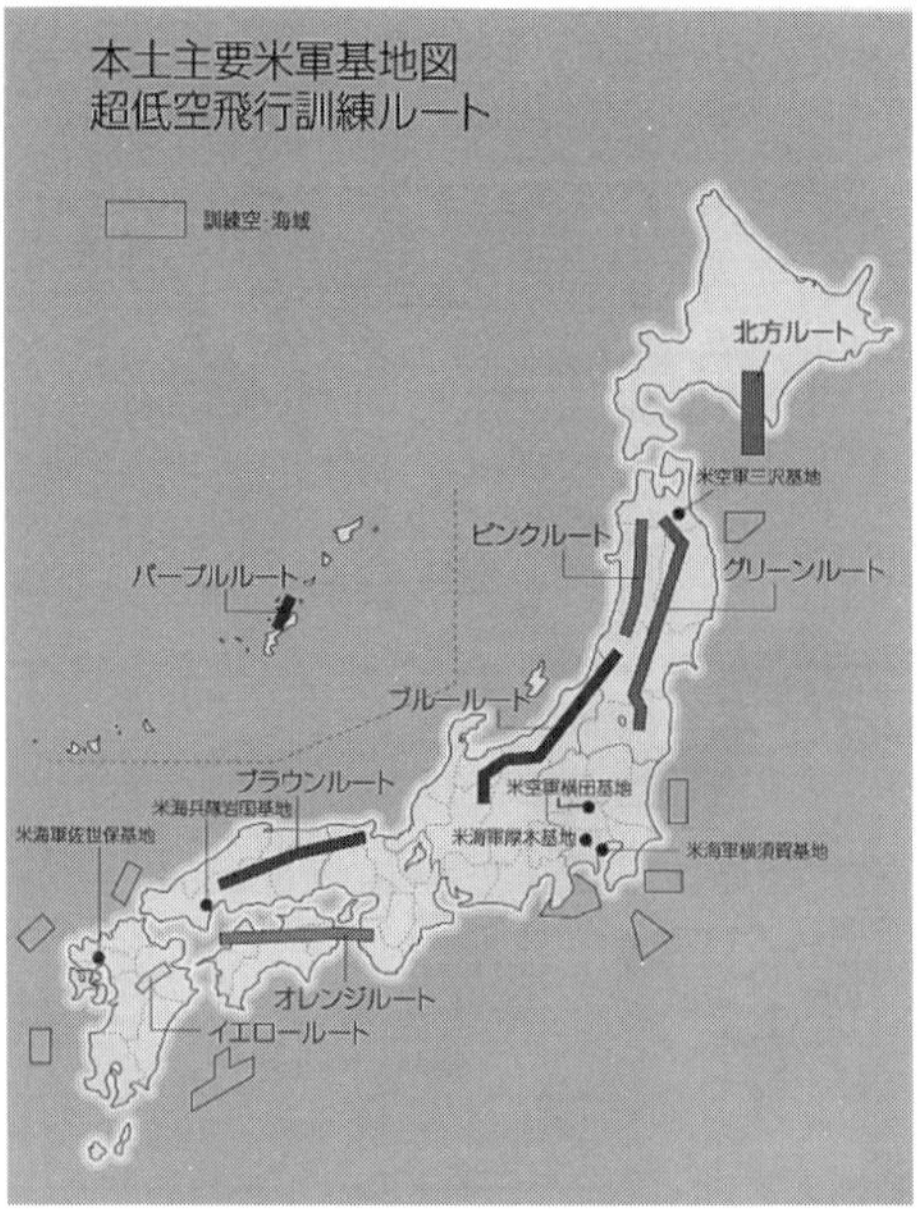


図1　8つの米軍機低空飛行訓練ルート
（米軍公表資料などから作成）

例えば、「低空飛行訓練ルート」が真上を通る広島県芸北町の八幡小学校では、近くのダムを目標にほぼ2日おきに米軍機が飛んできてその時の爆音によって授業に支障がでる状況が続いています。米軍機が小学校上空を飛行するときは、先生の声

も聞こえないほどの爆音のため授業を中断せざるを得ませんが、それによって一度途切れた子供たちの集中力を取り戻すのは容易ではなく、生徒の学習環境への影響が懸念されています。こういった実態を受けて、当時の金田校長は、二〇〇〇年七月六日に30分に渡って断続的に戦闘機が同小学校上空を飛び交った際にデジタルカメラで機影を撮影しました。この写真を分析したところ（図2参照）、飛行高度は230メートルととても低いことがわかりました。

さらに、日米合同委員会は「米軍機の使用空域」と呼ばれる空域を告示していますが、低空飛行ルートはそれとは別に設定されていることが確認されています。つまり、米軍はルートの全貌を公表していないのです。市民団体などの調査によると、このような低飛空ルートは全国で少なくとも八つあるとされています。

図2　広島県八幡小学校上空の米軍機（2010年に撮影）
この時も上空230 mという低さだった

## (2) 問題点とその背景

なぜ米軍機による低空飛行訓練が行われ続けているのでしょうか。日本の航空法では、最低安全高度制限（離着陸時を除き150メートル以上、市街地では300メートル以上）が定められています。したがって、これが適用されれば、広島県の事例は飛行が許されない超低空ということになります。しかし、日米地位協定に基づく「航空法米軍特例法」[*4]では航空法の適用が除外

＊4　日米地位協定の実施に伴う航空法の特例に関する法律

されているのです。したがって米軍機には航空法の規制が及ばず、罰則も科されないのが現状です。

日米両政府は、一九九九年一月合同委員会合意として「在日米軍による低空飛行訓練について」を発表しました。しかし同文書は、低空飛行訓練が在日米軍の「不可欠な訓練所要を構成する」とするなど、問題はなお解決されていません。*5

近年オスプレイが全国で低空飛行訓練を行っていることが指摘されています。またこれまで米軍機の騒音規制措置が全く遵守されていないという背景もあり、この合意が実効性をもっているのか疑問視する声も聞かれます。

### (3) 各国比較

これらの問題を他国はどのように対処しているのでしょうか。再びドイツとイタリアの例を見てみましょう。

表3から分かるようにドイツ・イタリアでは米軍機の低空飛行は大幅に規制あるいは禁止されています。またドイツでは各基地に「騒音軽減委員会」が設置された結果、米軍機の飛行ルートが変更され市民の要請が飛行ルートにも反映される現状が見られます。しかしドイツ・イタリアも、以前から米軍とこのような良好な関係を築いていたわけではありません。例えばイタリアでは一九九八年に低空飛行していた米軍機が事故を起こし20名の犠牲者が出ているのは既に他の章で述べた通りです。この事故がきっかけとなって改善を求める声が高まり、米軍機の使用は大幅に規制されるようになったのです。

*5 安全性確保のためとして①訓練実施地域を継続的に見直すこと②国際民間航空機関（ＩＣＡＯ）の最低高度基準を用いること③定期的に安全性評価の点検を行うこと④週末及び日本の祭日の訓練を不可欠なものに限定すること、等を示している

## (4) 改善策

では米軍機低空飛行の問題はどのように対応していくべきでしょうか。問題点や他国との比較に基づき、以下の改善策が求められます。

a．爆音対策と同様に地位協定における文言を具体化し、航空管制、空域、飛行の安全確保等についての明確な定めをおくことが必要です。

b．前述の通り、日米地位協定に基づく「航空法米軍特例法」において、米軍は日本の航空法の適用外とされています。しかし、自衛隊機同様の最低安全高度の規制を行うなど日本の航空法を米軍にも適用することが必要です。特に、市街地や住宅地などについては、速やかに規制を適用するべきです。これを達成するため、航空法特例法[*6]を改正し、米軍への適用除外を削除する必要がありま す。

c．これに加え、米軍による演習・訓練は原則として提供された施設・区域外では禁じられる旨を地位協定上明記する必要があります。さらに、施

| 国名 | 低空飛行・対応および対策 |
|---|---|
| ドイツ | 航空法規の適用において、駐留米軍はドイツ連邦軍と同様の扱いを受ける。飛行訓練中の軍用機は、航空法第 30 条第 1 項により、一般に適用される安全最低高度を遵守する必要はないとされているが、低空飛行訓練については、時間的空間的に制限がなされており，駐留米軍も同様の制限を受ける |
| イタリア | すべての米軍基地はイタリア軍の司令官のもとに置かれ、駐留米軍は軍事訓練や演習を行う時は必ずイタリア政府（軍）の許可を受けなければならない。また、米軍による低空飛行は事実上禁止されており、地方自治体からの米軍への異議申し立て制度も確立され，米伊当局は必ずそれを受理しなければならないこととなっている |
| 日本 | 日米合同委員会は米軍の使用空域を公表しているが、低空飛行ルートの全貌は公表されていない。また「航空法米軍特例法」により、米軍機は日本の航空法適用外とされている。1999 年の日米間合意によって安全性確保のために低空飛行などを限定するとされたが、最近でも低空飛行訓練は行われている |

表 3

＊6　日米地位協定の実施に伴う航空法の特例に関する法律

設・区域外での飛行訓練については、日本政府の許可がいるなどといった飛行条件等について日米で明確に定めるべきです。またこの合意を米軍に守らせねばなりません。

d．米軍の訓練について近隣住民に詳しく知らされていないことも問題の原因の一つです。米軍の訓練の日程及び内容を事前に住民に通知する等、情報開示を徹底し、地域住民や自治体との事前調整を行い、第三者機関による事後審査の場を設けるべきです。

コラム6

## クリアゾーンとは?

クリアゾーンとは、滑走路端の滑走路の延長上の土地利用禁止区域のことを指します。米国国内では、米軍航空施設整合利用ゾーンプログラム(Air Installation Compatible Use Zone Program, AICUZ)によって軍用施設において滑走路の延長線上4500メートル範囲をクリアゾーンとすることが義務付けられています。

その目的は、周辺の人々の安全、健康、福利を守るためであるとされ、米軍は学校や居住地など多くの人々が集まる場所はクリアゾーン外に建設することを奨励しています。また、65デシベル以上の音はクリアゾーン内にとどまるよう設計されるべきであるとされています。

アメリカ国務省の普天間飛行場マスタープランによると、普天間飛行場のクリアゾーンは、AICUZに基づいて、滑走路中心線の両側と滑走路両端から延びる部分に設定されており、障害物を排除し発着の際の安全を確保するためのエリアであるとされています。

ところが、宜野湾市によると、普天間飛行場のクリアゾーンは大きく基地外の住民地域に張り出し、クリアゾーン内には小学校や児童センターといった公共施設、病院、住宅や民間施設が800棟あり、域内には約3600の人々が居住していることが分かりました。

つまり、AICUZの定めるクリアゾーンの条件とは異なる状況であり、したがって普天間飛行場はアメリカ国内の安全基準を満たさないものであることが判明したのです。

沖縄タイムス記事によると、クリアゾーン内に学校や住宅があるのは、国内外の海兵隊基地15ヶ所のうち、普天間飛行場のみです。

これを受けて、宜野湾市は普天間飛行場の安全不適格を宣言し、一日も早い危険性の除去を日米両政府に求めています。二〇〇二年の普天間基地訴訟では、普天間飛行場のクリアゾーンに不備があることが認められましたが、根本的な問題の解決には至ってはいません。

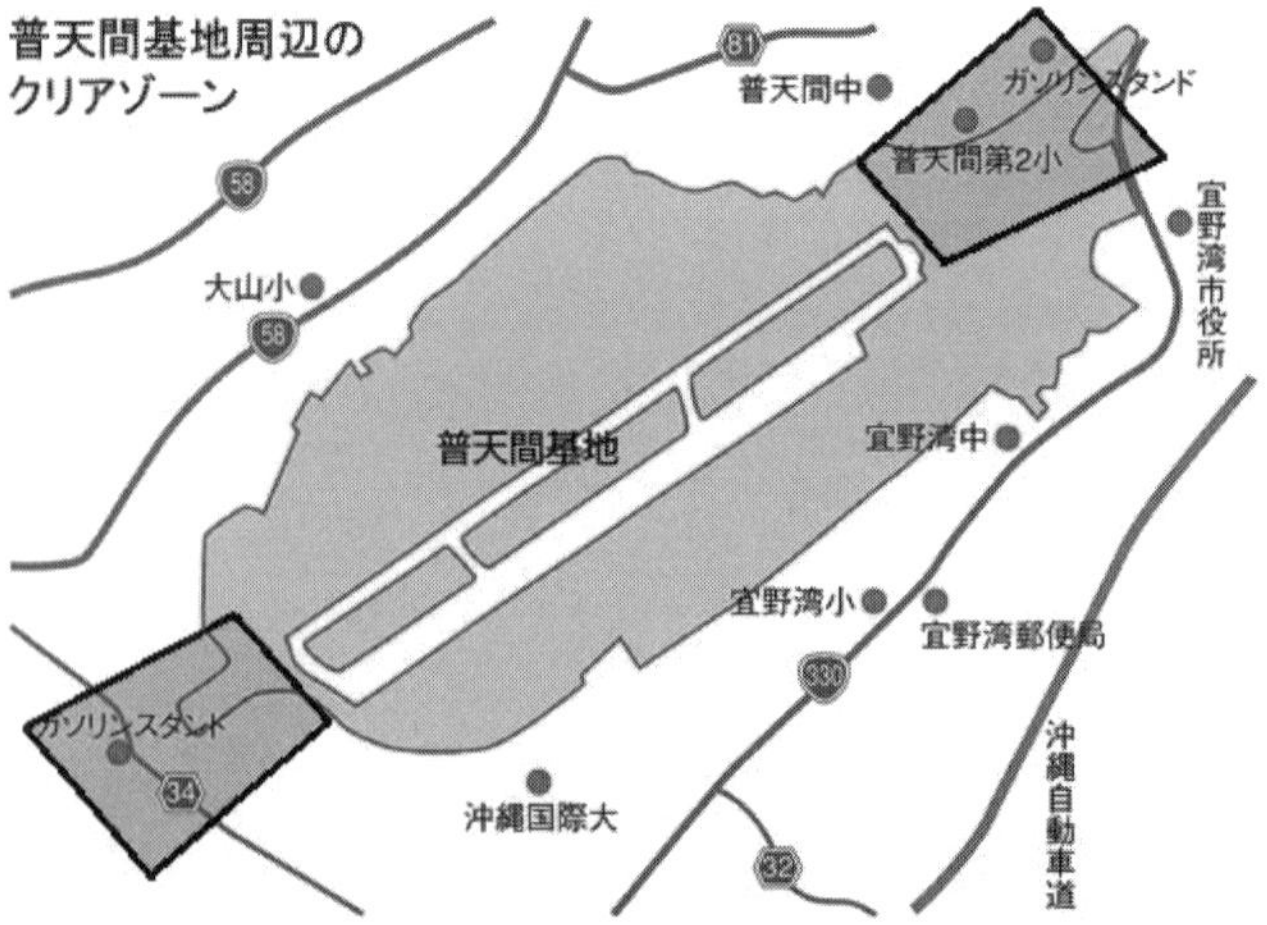

コラム7

## 首都東京にある米軍基地・横田

「米軍基地の問題」というと沖縄が真っ先に頭に浮かびます。しかし、米軍基地があるのは沖縄だけではありません。沖縄ほど集中していなくても、三沢（青森県）、岩国（山口県）、横須賀、厚木（以上、神奈川県）など、日本全国に米軍基地はありますし、首都東京も複数の米軍基地を抱えています。

東京の代表的な基地が横田基地です。横田基地は、東京都内の福生市、立川市、昭島市、武蔵村山市、羽村市、瑞穂町の5市1町にまたがる日本本土（沖縄を除く）最大の米空軍基地（約7・14㎢）です。

戦前、旧日本陸軍の多摩飛行場として設置され、終戦により米軍に接収されて米軍横田基地となりまし

横田基地のゲート

た。在日米軍司令部と第5空軍司令部が置かれており、横田基地は長らく極東における米軍の主要基地として知られてきました。その後、二〇〇六年に日米政府で合意された「再編実施のための日米ロードマップ」に基づき日本の航空自衛隊航空総隊司令部および関連部隊の移転が行われ、二〇一二年からは「航空自衛隊横田基地」の運用が開始されました。日米の共同統合運用調整所の設置もなされ、横田基地は、現在日米で進められている「米軍と自衛隊の一体化」を体現する存在となっています。

輸送中継基地としての機能をもつとされてきた横田基地ですが、近年、大規模な編隊飛行やパラシュートによる人員降下訓練（二〇一二年以降、100人規模で実施）が行われたり、オスプレイが配備されて訓練が行われたりするなど、基地の機能強化が進んでいます。

新外交イニシアティブでは、本書のプロジェクトチームで横田基地の視察に行きました。

JR青梅線の羽村駅で下車し、車で向かうと、住宅街の中に基地が突如現れます。東京在住者が視察メンバーのほとんどでしたが、「毎日乗る電車を乗り継いでいったら巨大な基地があった。ここも同じ東京だ」と、日常と非日常が交わったことへの違和感などが感想としてあがりました。

広大な土地の一部には米軍機が何機も駐機しており、基地を一周する間には基地内の米軍関係者のための学校や米軍住宅の様子なども見ることができました。

現地では、市民団体「横田基地の撤去を求める西多摩の会」の代表、高橋美枝子さんにお話を伺いました。

沖縄と異なり東京では、横田基地の問題を耳にする機会は多くありません。事件・事故がニュースになることもほとんどないため、現状について様々な質問をさせていただいたところ、近隣住民が騒音に苦しめられ、事件・事故の不安に悩まされる状態は沖縄と同じであり、基地の運用が活発化されている近年では特にその騒音被害や事件・事故への不安は高まっているという回答が返ってきました。例えば、長年悩まされてきた航空機訓練の騒音ですが、近年、新しく配備されたCV－22オスプレイが半年で550回を超える離着陸訓練（タッチアンドゴー）を行い、空中停止（ホバリング）訓練も多くなるなど、騒音はさらに悪化し、市民からの苦情が増えている、とのお話でした。

高橋さんは事件・事故についての基地近隣の生活の不安を語ってくださいました。基地の周りは住宅が建ち並ぶ人口密集地で、基地所在の5市1町だけでも総人口は51万人を超え、基地の滑走路の中心から半径3キロ圏内には小中高の学校が34校もあります。これだけ住宅地に囲まれている基地において、物資降下訓練や100人規模のパラシュート人員降下訓練が行われています。事故が起きない方が不思議といってもいいような環境です。実際、二〇一三年には、米軍機からの人員降下訓練中、基地内に降下できなかったパラシュートが基地に隣接するIHIの工場の敷地内に落下するという事故がありました。また、近年起きた事故としては、物資投下訓練中に、パラシュートから30キログラムの重さの箱が外れて落下する事故やパラシュートの一部が中学校のテニスコートに落下する事故も起きています。事件でいえば、横田基地所属の空兵が福岡で窃盗事件を起こし現行犯逮捕されたこともありました。

騒音については、一九七六年に最初の裁判が行われてから現在まで、夜間差止めや損害賠償等を求める爆音訴訟が繰り返し提訴され、現在までに第9次訴訟まで行われています（その他の騒音・公害訴訟も複数有り）。

高橋さんからは、オスプレイは横田のみならず、嘉手納基地、岩国基地、東富士演習場、三沢基地、群馬の区域など日本中を飛び回り、時に各地で低空飛行での飛行訓練をしており、「空はつながっていて、これはまさに日本全土の問題だ」とのお話もありました。

土地の3分の1を横田基地に取られている福生市の世論調査によれば、横田基地が福生市にあることについて、やむを得ない、とする市民が85パーセン

フェンスが続く横田基地

トとのことです。

しかし、みなが現状に問題がないと考えているのかというと、そうではありません。

横田基地を抱える５市１町からなる「横田基地周辺市町基地対策連絡会」やそれぞれの市町は、様々な機会に国や米軍に対して要請を行ってきています。過去の多くの要請文を見ることで、いかにこの５市１町が横田基地の存在に悩まされてきたかということがよく分かります。

古い例で言えば、戦後、関東地方に数多く存在した米空軍施設を一九七〇年代に横田基地に移転し、整理統合する計画が実施されたことについて、横田の関連自治体は「基地統合による半永久的存続と基地の拡充につながる一連の措置として解さざるをえない」「一層基地公害による犠牲をしいられることにな」るとして懸命に反対の要請を行っています。

近年でも、二〇一三年、横田基地がＣＶ‐22オスプレイの配備の候補地となっていることを報道で知った関連自治体は、「寝耳に水の話であり、誠に遺憾」と外務大臣らに要請を行っています。その後も、オスプレイについては、配備に反対する要請を何度となく行っています。他、航空自衛隊の横田への移転、米軍と自衛隊のインターオペラビリティ（日米の相互運用性）強化のための自衛隊の横田基地新設などでも懸念を示す要請を政府に対して行っていますし、毎回の各決定事項について、国が自治体への事前連絡ないまま物事を決めた後に通知するその方式についても、関連自治体が再三強い懸念を示しており、その様子も要請書の数々から良く伝わります。

しかし、東京に住む大半の人にとって、これらの要請が同じ東京の自治体からなされていることを知る機会はありません。それどころか、ほとんどの人には、東京に巨大な基地があるということを認識することもないのが現状です。

沖縄のように反対の声が上がらないことについて、高橋さんは、近隣住民でさえも十分に横田基地の問題を認識できていない、と嘆きます。横田基地の問題を取り上げる報道が少ないために、近隣住民、ひいては日本国民全体が問題意識を持てておらず、事実上横田基地の存在を容認している、とおっしゃっていました。沖縄の新聞二紙（沖縄タイムス・琉球新報）は沖縄県内の米軍関連の事件・事故を常に報道していますが、この高橋さんのお話で、このことの意味を痛感することにもなりました。

高橋さんは地元の仲間と共に、日々、米軍機の離着陸の回数を数え、騒音の程度を測り続けています。一部の人だけの努力に任せていいのでしょうか。日本本土の基地の問題を考えることは、日本全体の安全保障を考えることにつながります。私たち本土の人間が基地問題を身近に感じ、自分たちの問題として考えることが重要なのではないだろうかと感じた横田基地視察となりました。

（参考：吉田敏浩著『横田空域　日米合同委員会でつくられた空の壁』角川新書）

**コラム8**

# 日本の空はだれのもの？

日本の首都圏の上空には、米軍によって管制が行われており、日本の飛行機が自由に飛ぶことができない空域があります。この空域は、「横田進入管制空域」といい、略して「横田ラプコン（RAPCON Rador Approach Control の略）」（図1参照）とも呼ばれています。

その広さは、南北で最長約300キロメートル、東西で最長約120キロメートルに及び、1都9県（東京、神奈川、埼玉、山梨、群馬、栃木、長野、静岡、新潟、福島）にまたがっています。また、空域の高さは約7000メートルから2450メートルまで、6段階の階段状に設定されており、まさに首都圏の上空にそびえる「空の壁」となっています。

横田ラプコンは、東京西部にある米軍横田基地で

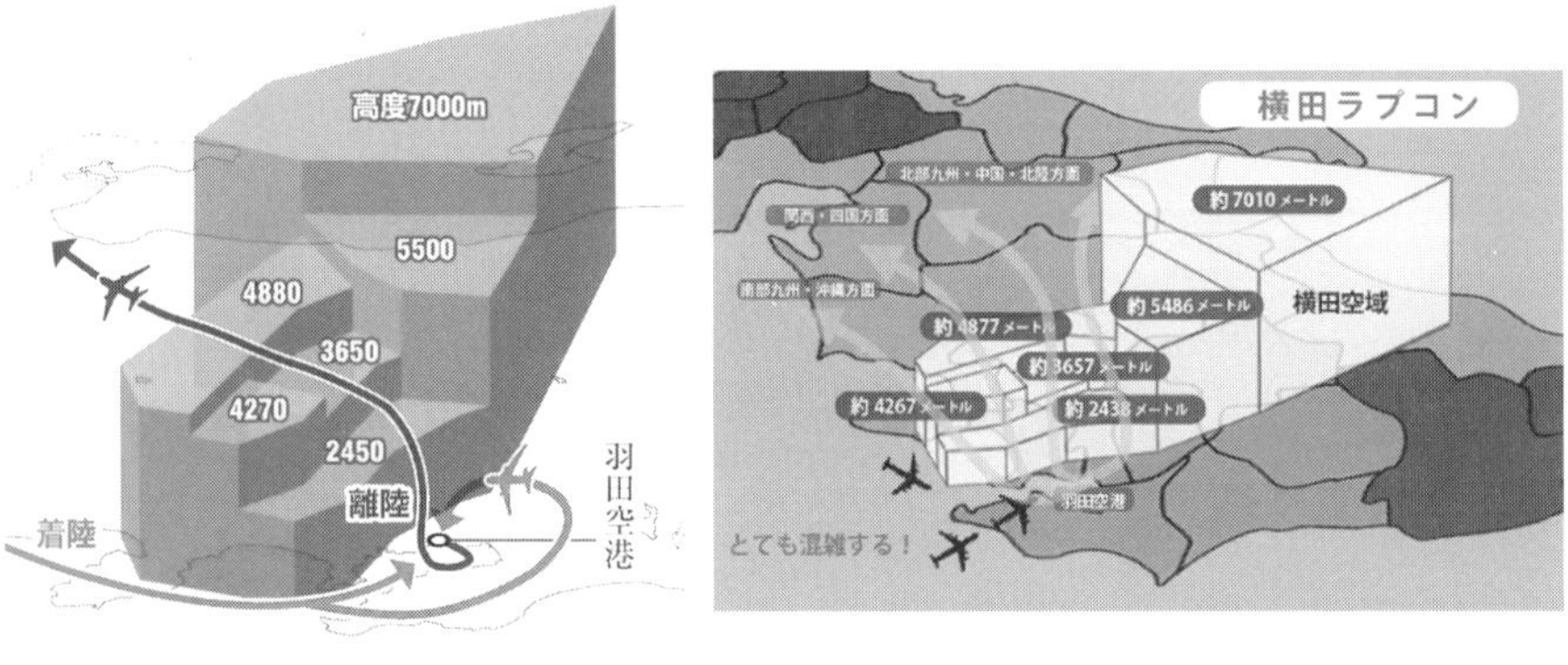


図1　横田ラプコンと羽田飛行ルート

航空管制が行われています（横田基地については「コラム7」参照）。具体的には、米軍戦闘機・輸送機や米軍・米政府関係者専用機の運航のため、離着陸の順序や飛行ルート、高度などについて、無線通信を利用した指示・管理がなされています。そのため、日本の民間機は一便ごとに米軍の許可を得ないと通ることができないことになっています。

実際には、羽田空港から離陸した民間機のほとんどは、この空域を避けるために太平洋上に出るか、いったん千葉方面に飛んだ後に旋回し、空域の上空まで上昇することを余儀なくされています。ラプコンを避けることにより航空路が過密になり、民間機同士のニアミスも問題となっています。急上昇、急旋回することは過大な燃料消費にもつながっています。横田ラプコンの存在は、安全かつ効率的な運航の妨げになっているのです。

なお、この空域を米軍が独占的に利用していることについては、日米地位協定にも、日本の航空法にも、明確な規定はありません。

日米地位協定の解釈を記した外務省の機密文書「日米地位協定の考え方」（「コラム2」参照）でも、「（管制業務を米軍に行わせていることの根拠について）地位協定第六条1項を受けた日米合同委員会の合意のみしかなく、航空法上積極的な根拠規定はない」と記載されています。

法律ではなく、密室で行われる日米合同委員会（「コラム1」参照）での合意のみにより、首都圏上空の管制権を米国に渡してしまっているのです。

さらに中国・四国地方にも米軍が管制を行う空域「岩国ラプコン」があります。こちらは、山口県にある米軍岩国基地で航空管制が行われており、図2に示す通り円形および扇形を組み合わせたかたちで、山口、愛媛、広島、島根の4県にまたがっています。

高度は横田ラプコンと同様に階段状に設定され、4500から7000メートルの段階に分かれています。

また、沖縄県では、管制権が日本に返還されたはずの「嘉手納ラプコン」が、「アライバル・セクター」として名を変えて、今でも事実上存在しています。

もともと沖縄では、那覇空港の管制空域（半径5キロメートル、高度600メートル）をすっぽり覆う半径約90キロメートル、高度約6000メートルの管制空域がありました。この空域の管制権は二〇一〇年三月に日本に返還されましたが、沖縄本島周辺の航空管制を担う那覇ターミナル管制所では、返還後も米軍関係者が管制業務に携わり続けています。

アライバル・セクター（図3参照）は、沖縄県の米軍嘉手納基地を中心に、南北約108キロメートル、東西約36キロメートルの長方形になっていますが、風向きや季節に応じて、北半分と南半分が入れ替わるように設定されます。高度は、約600から1800メートルとなっており、米軍機が普天間飛行場や嘉手納基地で離発着する際、一時的に空域が制限される「アルトラブ」（特定の高度と航路を指定する）が年に1000回近く起こっているといいます。

この空域の設定により、民間機は那覇空港に離発着する際、設定空域下の約300メートル以下の低高度を保たなければならず、事実上米軍機の運用が優先されているのです。航空関係者も「嘉手納ラプコン返還は表面上だけだった」と指摘している通り、まさに形だけの「返還」でした。

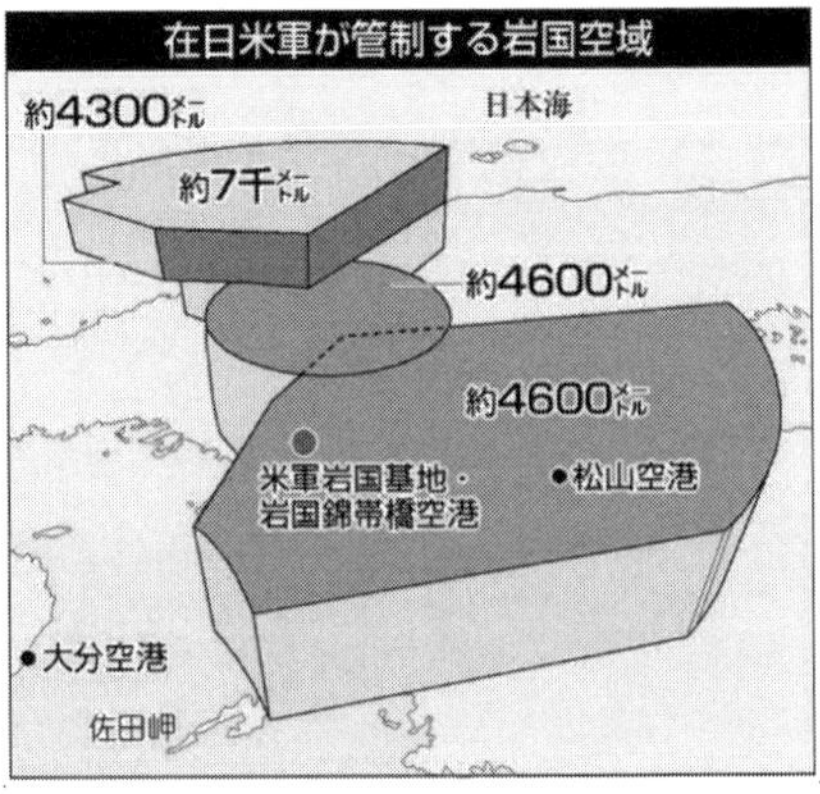


図2　岩国ラプコン

図3　アライバルセクター

# 第五章　刑事裁判権および身柄拘束

罪を犯すと、法律に基づいて裁かれます。例えば他人から物を盗む行為は「窃盗罪」にあたり、相応の刑事罰が科されます。日本国籍、外国籍関係なく人が日本で犯罪を犯した場合、日本の裁判所が犯罪事実を認定し、被告人に対して刑罰を与える権限（刑事裁判権）を有します。

しかし日本に駐留する米兵が犯罪を犯した際には、裁かれるべき犯罪が裁かれず、被害者が泣き寝入りを強いられている現実があります。その背景には日米地位協定の規定によって、日本側に刑事裁判権が認められないことや、米被疑者の身柄が米側にある場合には日本側の捜査や被疑者の身柄の確保に制限がかかるという問題があるからです。捜査や刑事裁判における米軍の特権は、日本の主権が制限される「治外法権」状態を生んでいると言っても過言ではないでしょう。

## 1．米兵が公務中に起こした犯罪

米兵が犯した犯罪は、事件が公務中に起きたか、公務の時間以外（公務外）に起きたかで区別され、刑事裁判権の所在が日本にあるのか、米国にあるのかが異なります。

米兵が基地の外でどんな罪を犯しても、米軍が「公務中」の事件であると判断した場合、日本側は裁くことができません。[*1]

二〇〇五年、東京都八王子市の交差点で青信号を渡っていた小学三年生3人が、信号を無視した米海軍厚木基地所属の米兵のワゴン車にはねられました。米兵は車を止めて救急車を呼ぶこともせず、そのまま逃走。小学生3人のうち1人は約20メートルはね飛ばされ、鎖骨を骨折し顔面を打撲するなど全治二ヶ月の重傷を負いました。警察は米兵を逮捕しましたが、米軍から米兵の行為が「公務中」であったと証明する「公務証明書」が送られてきたため、逮捕した数時間後に米兵を釈放しました。結局、このひき逃げ事件は起訴されませんでした。被害者の両親の1人は、インタビューのなかで「公務といえば米兵は逮捕もされない、日本の法律が届かない。それを決めている地位協定は差別協定じゃないですか。子供たちにどう説明しますか。〃米軍だから仕方ない〃ですまされますか」と語っています。

二〇一三年には、沖縄県北谷町で貨物車を運転していた米海軍兵がバイクと衝突し、相手の男性が亡くなる事件が起こりました。こ

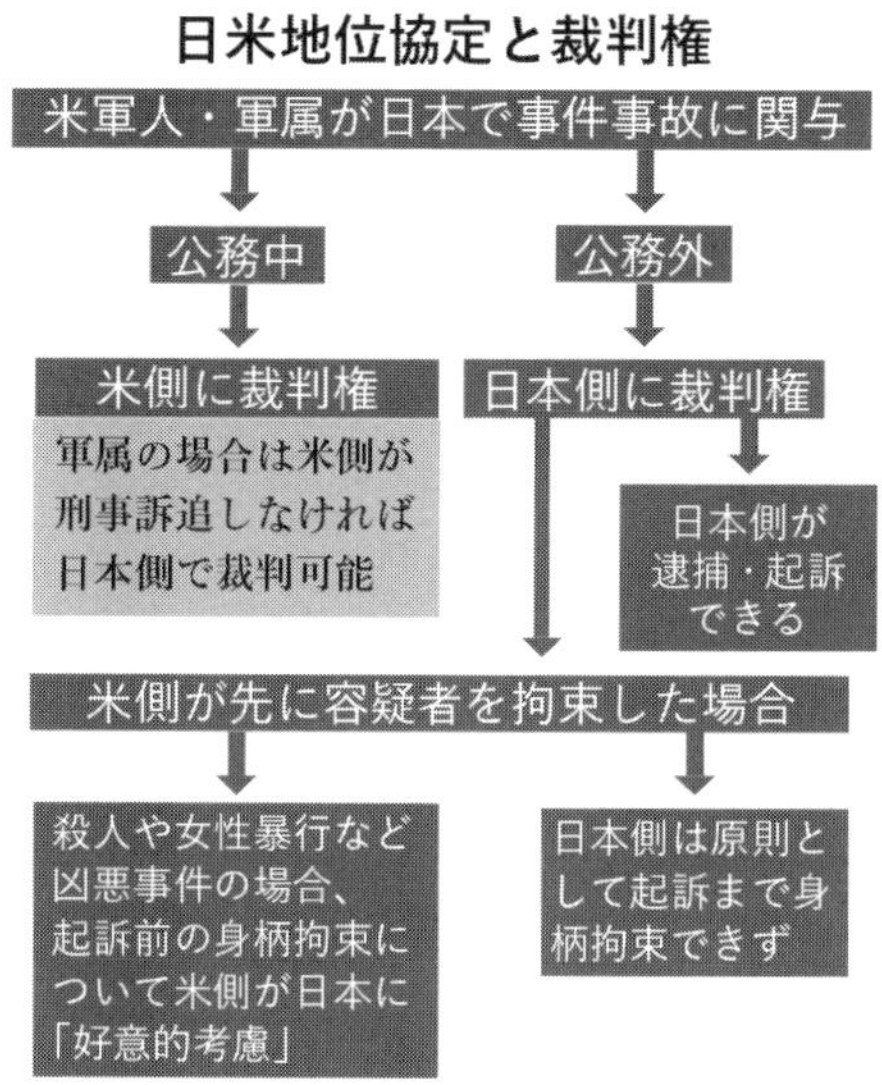


＊1　日米地位協定第十七条3項（a）・（b）（巻末資料195頁）参照

◎八王子ひき逃げ事故のあった八王子市大谷町の交差点。視界をさえぎるものはなく、見通しの良い交差点だった。『米軍基地の現場から』（高文研、二〇一一年）より

の事件も「公務中」に起こったと判断されました。被害者が死亡しているにもかかわらず、米兵は起訴されず裁判は開かれませんでした。

このように、「公務中」と判断された犯罪は日本の裁判所で裁かれることはありません。二〇〇一～一八年の間に起きた米軍関係者の刑法犯８１１２人のうち、起訴猶予を含め７０４４人が不起訴処分とされていますが、このうち１１７４人が「公務中」という理由で不起訴となっていました。この内のほとんどである１１５８人が自動車の運転による過失事故で被害者は傷害を負うか、あるいは一部の事故では死亡しています（自動車による過失致死傷・過失運転致死傷）が、裁判は開かれず、その後、米軍側でも懲戒処分や処分なしで終わるケースが多いとされています。「処分なし」の理由について、日本政府は「事件関係者の名誉保護や米軍との信頼関係から答えを差し控える」とし、事件の被害者や国民への説明責任を果たしていません。

事件・事故が公務中に起きたものか否かを判断する権限が米軍にあることも問題です。少し古い事例になりますが、一九七四年、沖縄県伊江島の米軍射撃場で、演習終了後に米兵が島民に発砲し、負傷させる事件が起きました。当初米軍は発砲行為が「公務外」であると説明しましたが、のちに「公務中」の行為だったと主張を一転させました。日本の警察や検察も「公務外」として、逮捕状の交付をうけ、米軍当局に対し被疑者の身柄引渡しを要求していたにもかかわらず、日本側も米軍の主張を聞き入れて裁判権を放棄し、米兵は起訴されませんでした。事件が公務中に起きたか否か、米軍の恣意的な判断が優先されたのです。その後、日本政府が行政府限りで司法に相談もなく裁判権を放棄し、米軍側に裁判権を提供していたことが、外務省の機密文書などで明らかになっています。

## 2. 基地に逃げ込んだ米兵の捜査や逮捕

米兵が公務外で犯した犯罪については、日本に裁判権があり米兵を逮捕、起訴することができます。しかし、公務外の犯罪でたとえ逮捕状が出ていたとしても、米兵が一旦基地に逃げ込んでしまうと、米軍は起訴されるまで米兵の身柄を日本に引き渡す義務はありません。[*2]

従って、警察による米兵の事情聴取は強制力をもたない任意のものとなります。公務外の時間に起こした犯罪であるにもかかわらず米兵が米軍基地に逃げ込んでしまえば、警察は、逮捕はおろか事件の捜査が十分にできなくなってしまうのです。被疑者の捜査への協力が得られない場合、警察は取り調べを行うことができず、起訴に必要な証拠集めが難しくなります。また基地内で米兵をどのように拘束するかは米軍の裁量であるため、容疑者が他の米兵と協力して口裏合わせを行うなど、証拠隠滅を図るおそれもあります。結局、公務外の犯罪は、日本に裁判権があるにもかかわらず、捜査が十分にできずに証拠不十分として起訴にこぎつけられないといった事態になります。

二〇〇二年四月、オーストラリア出身のキャサリン・ジェーン・フィッシャーさんが神奈川県横須賀市の飲食店で人と待ち合わせ中、米空母「キティホーク」所属の米兵に薬を盛られた飲み物を飲まされ、その後、駐車場に連れていかれ抵抗もむなしく強姦されました。米兵は逮捕されることなく、基地に戻ります。同年七月、検察は嫌

＊2 日米地位協定第十七条5項（c）（巻末資料196頁）参照

疑不十分として不起訴を決定し、米軍も米兵を裁判にかけないと決定しました。八月にフィッシャーさんへの強姦事件の刑事責任は問われませんでした。フィッシャーさんは加害者に対する民事の損害賠償請求訴訟を起こし、二〇〇五年に勝訴判決を勝ち取りましたが、裁判中に米軍が加害者を除隊・帰国させてしまいました。[*3]

二〇〇三年に沖縄県宜野湾市で起きた強盗致傷事件では、米軍が3人の米海兵隊員の身柄を確保し、基地内に「拘禁」する措置をとりました。しかし、その形式はお互いを隔離するものではなく、基地内の体育館、図書館、食堂などを自由に行動し、3人で会って話をすることも自由に認められていました。結果、1人は不起訴となり、起訴された事件の公判において、検察官は「両被告らを自由に通謀できる環境に置き、三ヶ月程度の拘置で十分な制裁を受けたと述べるなど軍の自浄作用は全く期待できない。」と異例の批判をしています。

二〇〇五年には、長崎県で、飲酒運転による交通事故で日本人男性に怪我を負わせた米兵を長崎県警が逮捕したところ、駆けつけた米軍警察がその加害米兵がケガをしていると主張してその米兵を手錠をしたまま強引に連れ去ったという例もありました。

このように幾つも例をあげることができますが、被害者らからは地位協定や現状の厳しい批判や抗議がなされることがほとんどです。例えば、二〇〇九年十一月の沖縄県読谷村におけるひき逃げ死亡事件においては、加害米兵が任意の出頭を拒否したため警察の捜査が十分に行えず、読谷村議会のみならず周辺市町村や沖縄県議会でも抗議決議や意見書が採択されています。

＊3　詳しくは「第六章　アメリカに対して損害賠償請求もできない現実」参照

### 3．起訴前の米兵の身柄引き渡しを求めない日本政府

一九九五年九月、沖縄県で米海兵隊員ら3人によって12歳の小学生の少女が強姦される事件が起きました。犯行後、沖縄県警は米軍に身柄引き渡しを求めましたが、日米地位協定に身柄引き渡しの義務を定めた規定がないことを理由に米側は拒否しました。この事件をきっかけに米軍基地の過重負担に苦しんでいた沖縄県民の日本政府への批判が一層高まり、同年十月の沖縄県民総決起大会には本土復帰後最大となる8万5千人（主催者側発表）が参加し、米軍基地の整理縮小とともに地位協定の見直しを要求しました。沖縄の世論の高まりを受けて、日米両政府は普天間基地を含む米軍基地の整理縮小の交渉を始めます。また両政府は、米兵の起訴前引き渡しに関する運用改善の合意を交わしました。

しかしこの合意は沖縄県民が要求した日米地位協定の改定ではなく、運用レベルの改善合意にとどまります。またそれは米側の起訴前引き渡しを義務付けるものではなく、殺人および強姦という凶悪犯罪において日本側が身柄引き渡しを要請した際に、米側は「好意的な考慮」をするとしただけでした。またそのほかの犯罪については、米側は「日本側の見解を十分に考慮」するとのみしています。日本側の起訴前引き渡し要請に米側が応じるかどうかは、結局米側の裁量となってしまったのです。

実際に、起訴前引き渡しの運用改善は徹底されていないのが現実です。

もっとも、それは米軍が日本政府の要求に応じるかどうか以前の話として、そもそ

も日本政府が起訴前の身柄引き渡しを米軍に要請することに消極的であるところに、一つ目の大きな問題があります。

一九七二年から二〇一九年末までの間に、米軍関係者（軍人、軍属、それらの家族を含む）による凶悪犯罪は沖縄県内だけで580件発生しています。沖縄県内だけでも年平均12件、すなわち毎月1件の凶悪犯罪が起きている計算です。しかし身柄引き渡しの運用合意をした一九九五年から二〇二一年の間に、日本政府が米側に身柄引き渡しを要請した事件はたったの6件です。

なお要請した6件のうち1件は、米側が拒否したため起訴前身柄引き渡しが行われませんでした。この米軍に拒否された1件は、二〇〇二年十一月の沖縄県具志川市（現うるま市）で起きた米兵による強姦未遂事件で、日本側は「凶悪事件で証拠隠滅の恐れがある」として起訴前の身柄引き渡しを求めましたが米側が拒んでいます。

警察が起訴前の身柄引き渡しを要請するよう日本政府に求めたにもかかわらず、日本政府が米側に要請しなかった事例もあります。二〇〇一年、沖縄県北谷町で米兵が連続放火事件を起こしました。飲食店に侵入し放火、さらに3時間後に隣接するバーにも放火しました。5日後に同じ現場で放火を起こし、5店舗を全焼させました。沖縄県警は逮捕状を取りましたが、米軍は容疑者の身柄引渡しを拒否しました。これに対し、日本政府は日米合同委員会で米側に求めても身柄引渡しの見通しが立たないと判断し、引渡し請求をしませんでした。もっとも、那覇地検と沖縄県警の周到な用意と連携により、県警による書類送検の2日後という短期間で起訴がなされ、その後、身柄が引き渡されました。

先に述べたとおり一九九五年の運用改善合意では「殺人又は強姦という凶悪な犯罪」の場合に、日本側が起訴前身柄引き渡しを請求した場合には、米側はこれに「好意的な考慮」を払うことになっています。しかし、人が居住等に使用している建物への「放火」は刑法上殺人と同等の法定刑ですが、「凶悪な犯罪」ではないかのように扱われているのです。この事案は、そういった米軍の態度を忖度した日本政府の対応といえます。

なお、二〇〇八年三月の神奈川県横須賀市でおきたタクシー運転手の強盗・殺害事件を最後に、日本政府は米軍に対し起訴前の身柄引渡しを請求していません。現在まで凶悪犯罪は発生し続けていますが、請求しても米側から拒否されたり、米側との間に摩擦が生じたりすることをおそれ、また、世論が騒ぐのをおそれて、日本政府が自己規制している可能性が高いと言えます。

例えば、二〇二〇年五月に沖縄県北谷町でおきた強盗事件では、米軍が嘉手納基地所属の陸軍兵と軍属の男2人を容疑者として拘束しており、身柄引渡し請求をすべきとの声も上がりましたが、沖縄県警はこんな事件で身柄を引き渡した例はないとして請求自体を行いませんでした。

一九九五年になされた運用変更は実際の運用改善にはほど遠かった、といわざるを得ません。

そもそも日本における米兵犯罪の起訴率はとても低くとどまっています。例えば二〇二〇年に日本国内で発生した米軍関係者による一般刑法犯（自動車事故を除く）

の平均起訴率はたった15パーセントで8割超は不起訴となりました。同期間の日本人を含めた国内全体の犯罪の起訴率は37・5パーセントで、米兵犯罪の起訴率はこの半分以下です。その背景には、これまでにみてきた、事件が公務中に起きたか否かの決定には米側の判断が優先されること、犯罪が起きても身柄が米側にあれば、起訴まで米側は身柄を日本に引き渡す義務がないこと、日本政府が起訴前の身柄引き渡しを米側に積極的に要請しないこと、といった事情があります。

さらには、日本とアメリカが交わした刑事裁判権に関する密約の問題も挙げねばなりません。一九五三年に、日本政府は「日本にとって著しく重要と考えられる事案以外については第一次裁判権を行使するつもりがない」という密約を米政府と交わしています。これは刑事裁判権に関する地位協定の条文や運用改善を定めた合意を骨抜きにする密約です。密約が交わされてから約七十年が経ちますが、米兵犯罪における起訴率の低さから密約の効力は今も続いていると評されています。

## 4. 刑事裁判権及び刑事手続をめぐる国際比較

米軍が駐留している他の国の刑事裁判権の実態や身柄引渡しについて見てみましょう。

韓国では二〇〇一年に韓米地位協定を改定し、殺人や強姦、強盗、誘拐、放火など十二種の凶悪犯罪について、起訴の段階での身柄の引渡しを可能とし、続けてこれらの罪については起訴前の身柄引渡しについても韓国からの身柄引渡しの要請に対して

◎韓国の暴行事件に抗議する人々

好意的な考慮を払うと合意されました。この地位協定の改定は、米兵による殺人事件等をきっかけとし、世論が高まって実現に至りました。この改定以前には、被疑者の身柄は判決確定後まで米国側が確保するとされていたことからすれば、韓国は大きな変更を勝ち取ったといえます。

刑事裁判権の放棄について米国側が自らの望む協定維持がかなわない場合に、米軍を撤退させたという例もあります。

有名なのは二〇一一年のイラクのケースです。イラクでは、二〇〇八年に米国との地位協定を締結しましたが、当時のその協定は二〇一一年末までに米軍が撤退することを明記したものでした。米国側は二〇一二年以降も米兵を引き続きイラクに駐留させようとイラク側に働きかけましたが、イラクは駐留に賛成こそすれ、それまで通りの刑事免責特権を与えることには世論の反発が強く、特権付与を拒否します。結局、双方が譲らず、米国は二〇一一年末をもってイラクから4万人超の駐留米軍を完全撤退させました。

あまり知られていませんが、一九七〇年代、ベトナム戦争終了後のタイにおいても同様のことが起きています。タイは米国の同盟国ですが、当時、タイに駐留していた約5万人の米軍の残留について、タイが刑事裁判権の放棄に応じなかったため、米国は撤退を決定し、基地も全て返還されています。

これらの事例からは、米軍が、刑事裁判権をいかに重要視しているかがよく分かります。

他方、過去の情報が入手可能な期間の例（二〇〇二年十二月～〇三年十一月）において、ドイツのように刑事裁判権放棄が99・9パーセントにのぼる国もあります。裁判権放棄率はイタリアの58・8パーセント、イギリスの25・5パーセントなど、同じNATO諸国においても様々です（本項以上、「主権なき平和国家」〔伊勢崎賢治・布施祐仁著〕参照）。もっとも、ドイツのボン補足協定では、米軍（派遣国）が基地内で警察権を行使する際にドイツ側が希望するときはドイツ当局も立ち会いができるとされていたり、また、緊急に犯人を逮捕したり捜査したりする必要があればドイツ当局が事前通告なしで米軍基地に立ち入ることができるとされているなど、日本には認められていない権限も複数認められています。

## 5．日米地位協定の改定に向けて

では、日米地位協定における刑事裁判権や刑事手続きの問題点をどのように解決していくべきでしょうか。

まず第一に、一九五三年に日本が「重要事件以外は米軍関係者の裁判権を放棄する」とした密約を破棄する必要があります。

また、合同委員会や政府間で交わされた過去の公文書を公開して国会の審議にかけるべきです。そして、今後は、米兵犯罪に関する日米合同委員会の議事録や合意を公開し、事件の処理や裁判権の所在に関してどのような交渉がなされているのかを明らかにしていく必要があります。

公務中の犯罪か否かが微妙なケースでは米軍の恣意的な判断で一方的に日本の裁判

◎ドイツ・ラムシュタイン空軍基地

◎イタリアの反対運動

権が奪われかねません。そのため公務中であるとの証拠が十分でないときは、公務外として取り扱うことができるようにし、日本側の判断で日本の第一次裁判権行使を確実にできるようにすべきです。

第一次裁判権が日本側にある事件については、米被疑者の身柄が米側にある場合であっても、米軍の同意なくして起訴前の身柄引渡しを行えるよう、地位協定十七条5項（c）の改定が行われなくてはなりません。また日本側の捜査機関が逮捕状を取得した場合には米軍は直ちにこれに従うべきです。

また、日本側に第一次裁判権があっても、日本にとって著しく重要と考えられる事例以外は裁判権を行使しないとの日米密約は破棄されねばなりません。

**【インタビュー　2】**

# 米兵犯罪遺族の山崎正則さんに聞く

二〇〇六年一月、神奈川県横須賀市で米兵が強盗目的で女性を暴行し、殺害しました。被害者の夫である山崎正則さん（78歳）は、「日本政府は、米兵犯罪の被害者である日本人の味方——そう思っていました。しかし日本政府は、米軍への責任追及をしませんでした。日本政府にとって、日本人の生命よりも、『不平等な』日米地位協定や日米同盟が大事だったのです。だから、私は自ら裁判で闘う決心をしました。米軍と日本政府の責任を追及するために。」とインタビューの中で語って下さいました。

インタビューでは、

（Ⅰ）事件の概要
（Ⅱ）山崎さんが事件について知った過程、そして事件後の警察や日本政府の対応
（Ⅲ）裁判における争点と判決、判決のその後
（Ⅳ）事件後における米軍の規制や横須賀市内の様子
（Ⅴ）日米地位協定の不平等な点・改定すべき点

以上の五つの流れに沿いつつ、山崎さんが話して下さった内容を紹介します。

## Ⅰ　事件の概要

**——まず事件の内容を教えてください。**

**山崎**　事件は二〇〇六年一月三日早朝、京急・横須賀中央駅付近で起きました。酒に酔った米海軍所属のウィリアム・リース（当時21歳・空母キティホーク乗組員）が、私の妻である佐藤好重（当時56歳）に道を尋ねた際、現金1万5千円を奪い、抵抗する妻を殴って殺害しました。加害米兵は、十分間にわたり妻の顔面を殴りつけ、コンクリートの壁に何度も

頭を打ちつけ、倒れた妻の顔や腹を繰り返し踏みつけ、妻は口から血泡をふき、身動きもできませんでした。彼は、妻が声も出せない状態になるまで暴行を続けました。非常に残虐な方法でした。妻は肋骨を多数骨折し、内臓も破裂しており、遺体は人の体とは思えないほどに、原形をとどめていない状態でした。

**――米兵がそんなに残虐な行為に及ぶ背景には、一体何があるのでしょうか。**

**山崎**　妻を殺害した直後に、加害米兵リースがコンビニでサンドウィッチとミネラルウォーターを平然と購入している姿が防犯カメラに映っていました。加害米兵もそうでしたが、一般の米兵は、新兵訓練（ブートキャンプ）を受けています。ブートキャンプでは、人を殺すことをためらわないようにする訓練も行われていると言われています。米兵にとって暴力は日常であり、基地の外に出る時に、殺人マシーンとして訓練された能力を置いて行くことはできないのです。

## Ⅱ　山崎さんが事件について知った過程、そして事件後の警察、日本政府の対応

**――好重さんが米兵に殺されたことをどのように知ったのですか。**

**山崎**　警察から電話で呼び出され、「奥さんが死んだ」と言われました。私が、「殺されたんですか」と聞くと、「なぜ殺されたと分かる」と私が警察に疑われました。マスコミも当初、私を犯人扱いしました。警察署内で長時間の取調べを受けただけではなく、10名ほどの鑑識係の警察官によって家宅捜索もされ、ごみ箱の中まで調べられました。ひっくり返したごみ箱はそのままで「片づけくらいしていけ」と思いました。また、警察は、「山崎さんが白なのは分かっているが、黒を探している」と言ってきました。警察は私に、容疑者と妻が一緒に映った防犯カメラの写真を、容疑者が映っている部分を隠

インタビューに応える山崎正則さん

して見せ、「容疑者は見せられないが、奥さんを確認して」と言いました。私が「隠している部分を見せてほしい」と言っても断固として見せませんでした。つまり、容疑者の目星はついていて、それを隠したのです。私は後日、加害米兵が、県警に逮捕されたという情報をテレビを見て知りました。警察、米軍や日本政府は、被疑者逮捕の情報を私に一切伝えてくれませんでした。

**——米兵が逮捕された後、米軍や日本政府の対応はどんなものでしたか。**

**山崎**　警察から、私を取調べ中に犯人と疑ったことに関しての謝罪は全くありませんでした。事件発生から二ヶ月後、防衛施設庁（当時）の役人が私のもとを訪れ、薄っぺらな紙一枚の「損害賠償請求書」を渡し「好きなだけ金額を書け」と言ってきました。「こんな紙切れなんかよこさないで、好重を返せ」と思いました。半年ほど考えた結果、見舞金を要求して終わりにするのではなく、米軍と日本政府の責任を徹底的に追及するため、顔も名前も出して裁判を起こそうと覚悟を決めました。また、当時の第7艦隊司令官と在日米海軍司令官が連名で、「この悲しい事件をきっかけに日米の関係と同盟がより一層強化されるよう願ってやみません。」と日本国民・横須賀市民宛ての公開書簡を発表していたことに対して、馬鹿にされていると憤りを感じたことも、裁判を起こす決意をした大きな理由でした。妻が日米同盟のために殺されたと言っているようなものであり、悔しさで気がおかしくなりそうでした。

裁判を起こすことを決めた私ですが、裁判を控えるよう外部からの圧力を感じたこともありました。当時勤務していた会社は、仕事を国交省から公共事業として請け負っていたため、上司の一人から裁判を起こすことを辞めるように遠まわしに言われました。しかし、どんな圧力にも屈しない気持ちがあり、弁護士や支援して下さる方々と共に法廷で闘うことができました。

## Ⅲ　裁判における争点と判決、判決のその後

**――刑事裁判では加害米兵にどんな判決が下されましたか。**

**山崎**　加害米兵には強盗殺人の罪で無期懲役刑が言い渡されました。横浜地裁は、犯行態様について「執拗で残忍極まりなく、冷酷非道」とまで言っています。加害米兵は今も、久里浜の刑務所（横須賀刑務支所）に服役しています。しかし、彼には一日6000キロカロリーのメニュー豊富な食事が与えられ、和食か洋食かを選べる上、フルーツカクテルなども提供されています。また、独房ではあるものの、冷暖房、シャワー付きの個室と変わらない環境も整っています。この厚遇は、日本人や一般の外国人の受刑者と比べて良すぎると思いますが、これは一九五三年の日米合同委員会の合意で「米軍関係者の身柄拘束は『習慣の相違に適当な配慮を払う』」となっているためです。また、仮釈放される可能性もないとは言い切れませんが、私が生きているうちは、仮釈放なんて絶対に認めません。

**――民事裁判では第一審となる横浜地裁判決（二〇〇九年五月二十日）で、誰にどんな請求をしたのですか。**

**山崎**　まず加害米兵に対して、損害賠償請求をしました。結果、加害米兵に対し賠償額6500万円の支払いを命じた横浜地裁の判決が確定しています。しかし、加害米兵からは、未だに1円も支払われていません。そして、ここが一番重要なのですが、私

は、裁判で米軍・日本政府に対しても責任を問いました。米軍の責任としては、米兵らに対して深夜早朝の外出規制、飲酒規制などの措置を取っていなかったとして、米海軍上司らの監督義務違反を主張しました。また、米軍基地を受け入れている日本政府にも責任があります。その責任とは、米軍が起こした違法行為に対して損害賠償をすることです。ただ、日米地位協定に基づく民事特別法は、米兵が公務中に犯した違法行為による損害に限り、日本政府が賠償すると定めています。そのため、公務外の米兵犯罪でも国の賠償責任が認められるかどうかという点が裁判で争われました。

**――山崎さんは一審の横浜地裁で、どのような主張をなさったのですか。**

**山崎**　加害米兵は「ベース、ベース」(BASE：英語でいう「基地」)と米軍基地までの道を尋ねて妻に近づきました。なので、加害米兵は、通勤途中であり、「公務中」であったと主張しました。しかし、この主張は認められませんでした。

また、公務外の米兵であっても米軍上司らの監督義務が存在することを前提に、米軍上司らの監督義務違反を主張しました。それに対し、横浜地裁は、二〇〇九年五月二十日の判決で、米兵の行為が勤務時間外において職務執行と関係なく行われたものであっても、米海軍上司らが監督権限を行使しなかったことが著しく不合理である場合は、民事特別法一条の適用上違法となり得ると判断しました。しかし、どのような手段によって米兵を監督するかについては、米海軍上司らに広い裁量が認められた結果、今回の事件では、米海軍上司らに監督義務違反はなかったと判断されました。

**――続く第二審の東京高裁の判決(二〇一二年六月二十日)、終審の最高裁の決定(二〇一三年六月二十六日)はどうでしたか。**

**山崎**　高裁では、米海軍上司らが米兵に対する監督権限を行使するにあたって、広範な裁量を認めるべきではないと私は主張しました。それに対し高裁の判決は、地裁が示した判断を後退させて、米兵の日常生活の場面では米海軍上司らの米兵に対する監督権限は原則として及ばないと判断しました。最高裁も高裁の判断を支持しました。高裁判決の「米軍が米兵を管理監督するのは、米軍の任務を円滑に遂行するためであって、日本人の生命・身体を守ることが直接の目的ではない。」という一文には啞然としました。なぜなら、米軍は日本人を守るために日本に駐留しているわけではないという判断だからです。高裁判決は、日本国民の生命、身体の安全という憲法上の重要な権利よりも、米軍の運用、日米同盟を優先させる不当なものでした。憲法の上に、日米安保条約や日米地位協定があるのです。

**――山崎さんが裁判で闘って得たことはなんですか。また、裁判後について教えてください。**

**山崎**　得たことは二つあります。一つ目は、横浜地裁が、勤務時間外であっても、米軍上司らの監督権限の不行使が合理性を著しく欠く場合には、日本政府の賠償責任（民事特別法一条）が生じる可能性があると判示したことです。米兵が公務外に犯罪を起こした場合にも、民事特別法上の責任が問われる可能性があることを裁判所が正面から認めたものとして評価すべきです。二つ目は、いわゆるSACO合意（「沖縄に関する特別行動委員会」一九九六年十二月の最終報告）での取り決めが私の事件に適用されたことです。SACO合意では、裁判で確定した損害賠償額と米政府による見舞金に差額がある場合に、その差を日本政府が代わりに支払うという取り決めが含まれていました（SACO見舞金制度）。ただ、この合意はあくまで日本政府の努力義務を定めたものにすぎないので、事件は何万件も起こっているのにもかかわらず、取決めが実行された件数は、わずかしかありません。なので、私の事件に適用されたことで、適用件数を増やせたことは成果だと思っています。裁判後は、米政府からの見舞金の支払い、および日本政府からのSACO見舞金の支払いの手続に入りました。

**――「公務外」の米兵事件について、米政府からの見舞金支払いの内容はどのようなものだったのですか。**

**山崎**　民事裁判において横浜地裁が加害米兵に対して支払いを命じた賠償金の4割程度の見舞金を米政府が支払うという内容でした。そして、見舞金を受け取るにあたって、加害米兵と米軍の責任を永久に免責するという条件付きでした。私は、この条件を受け入れたくはありませんでした。しかし、米政府も譲らなかったので、二〇一七年に結局、示談に応じる苦渋の決断をしました。米政府からの見舞金を受け取るにあたって、加害米兵と米軍の免責を認めざるを得なかった点は、無念さが残っています。

## Ⅳ　事件後における米軍の規制や横須賀市内の様子

**――事件後、米軍や横須賀市は再発防止策などを講じたのですか。**

**山崎**　憲兵隊員によるパトロール地域の拡大や、基地外での飲酒を禁止する仲間同伴制度（バディ・システム）などが導入されました。また、事件の一ヶ月後には、米軍によるパトロールとは別に、横須賀市と横須賀警察の協力で、民間による自主的パトロールが始まり、事件現場など市内の数か所にスーパー防犯灯が設置されました。スーパー防犯灯とは、ボタンを押すと警察につながる警察緊急通報装置です。しかし、その後も米兵による犯罪は後を絶ちません。規制や、日米地位協定の運用改善だけでは、米兵犯罪はなくならないのです。だからこそ、根源的な日米地位協定の改定を早急に実現すべきだと強く思います。

## Ⅴ　日米地位協定の「不平等」な点とはどこか。どう改定すべきか。

**――山崎さんが目指す地位協定の改定とはどのようなものですか。まず、刑事裁判権の規定をどの**

**ように変えることが必要かを教えてください。**

**山崎**　加害米兵は、返り血が付着した服などを基地の中で処分してしまいました。日本の警察に基地に逃げ込んだ加害米兵を追いかけて基地に入る権限は認められていません。また、「公務中」の犯罪に関しては、日本側が第一次刑事裁判権を行使することも認められていません。主権国家は、平等なはずです。日本の領域で刑事裁判権を行使できない、米軍に特権が付与されているという点で不平等です。問題解決のためには、米兵犯罪が「公務中」に行われたか「公務外」で行われたかを問わず、日本が米兵に対して刑事裁判権を行使できるようにする必要があります。つまり、米軍の特権をなくした「平等」な地位協定に改定すべきです。そうすることで、もし犯罪を起こせば、隅から隅まで調べ上げて刑罰を科されるということを米兵自身も理解するので、米兵犯罪を抑制する効果が期待できます。

**――被害者の救済という観点からは、日米地位協定をどのように変えるべきですか。また、被害者の方が裁判で闘う上で障害となっている問題があれば教えてください。**

**山崎**　日本政府が米軍基地を受け入れているのですから、米兵犯罪に関しては公務中・公務外にかかわらず、日本政府が責任を負うのは当たり前です。そして、日本政府が米国政府に事後的に求償を行うべきです。憲法や法律よりも、地位協定、安保条約が優位である状況はおかしいです。被害者救済よりも、米軍の運用、日米同盟の維持に重点を置く日本政府の姿勢を正していかなければなりません。日本政府は、「地位協定を改定しないと安保条約を破棄する」というくらい強気でアメリカに主張するべきだと思います。また、裁判の負担という点に関していえば、SACO見舞金として、確定判決で支払いを命じられている遅延損害金（損害発生時から損害賠償債務は遅滞となり、支払日までの一定の率の損害金を支払わなければならない）を日本政府が支払わない点は、非常に問題があります。被害者が長期的に裁判で闘うことが難しくなってしまうからです。そのため、日本政府にＳＡＣＯ見舞金として遅延損害金の支払いも義務付ける必要があります。

（ＮＰＪ弁護士の訴訟日記―横須賀強盗殺人米兵事件 http://www.news-pj.net/npj/2007/yokosuka-20071105.html を参照して作成）

# 第六章　アメリカに対して損害賠償請求もできない現実

## 1．米軍に請求できない損害賠償

他者の身体や財産に損害を負わせた者は、その損害を賠償する責任を負う。これは社会の常識であり、法の原則です。しかし、米軍が加害者になったとき、この常識は通用しません。

### (1) 横浜ファントム墜落事件

一九七七年九月二十七日、厚木基地から飛び立った米軍機RF－4Bファントムが横浜市緑区の住宅街に墜落しました。機体は爆発炎上し、火の海があっという間に家々を飲み込み、9名の死傷者を出す大惨事になりました。

この事故で、林和枝さん（当時26歳）は3歳と1歳の息子を失いました。体面積の100パーセントをやけどした3歳の長男は、「おばあちゃん、バイバイ」と言い残して息を引き取りました。同じくほぼ全身をやけどした1歳の次男は、「ポッポッポ」とハトポッポの歌を口ずさみながら亡くなりました。和枝さん自身も体面積の80パーセントに及ぶ大やけどを負い、一時危篤状態に陥りました。ショック状態を避けるため、和枝さんが息子たちの死を知らされたのは一年四ヶ月後のことでした。その翌日の心境を和枝さんは次のように綴っています。

「もうすぐ自分が治って子供のところへ行けると、ただそれだけを楽しみに頑張って生きてきたのに、事故の次の日に死んでいたなんて夢にも思っていなかったので、死んだことを知らされた時には信じられなかった。……もう二人とも手の届かない所へ行ってしまった。目が細くて色が白く北の湖のように太っていて気持ちのやさしかった裕ちゃん。目はお兄ちゃんより大きく鋭く、色は黒く一人でなんでもやるような康弘。でももう白い小さな箱に入ってしまっているなんて。一目でも会いたかった。ママをおいて逝ってしまってとてもさみしい。二人ともももっと遊びたかったでしょう。好きな車に乗ってパパやママといっしょにドライブに行きたかったでしょう。ジュースを飲みたかったのでしょう。この世に生を受けてまだいくらもたっていないのに、もう逝ってしまうなんてかわいそう。あんな飛行機さえ落ちてこなければ、今頃は幸福に暮らしていることでしょう。」（一九七九年一月三十日の手記）

和枝さんはその後も四度の危篤を乗り越えて四年以上闘病を続けていましたが、一九八二年一月二十六日に亡くなりました。

一方、ファントム機を墜落させたパイロット2名はパラシュートで無事に脱出。海上自衛隊によって厚木基地へと帰還しました。事故後にやってきた米兵たちは謝罪も説明もないまま周辺の住民を現場から追い出すだけで、抗議する住民にVサインで応じました。米軍は、事故直後にパイロットを帰国させ、事故の原因は整備不良にあるとしながら、それに関与した部隊や責任者は不明であるとして一切公表しませんでした。

この事故で重傷を負った椎葉悦子さん（当時35歳）と家族は操縦士らを相手に損害賠償を求めて提訴しましたが、判決では、操縦士ら個人の責任は認められませんでした。公務中の事故によって生じた損害は日本政府が代わりに賠償責任を負うので加害者の米軍人個人は責任を負わない、と判断したためです。

### (2) 爆音被害

米軍基地の周辺に住む住民の少なくない人々が、米軍機の騒音によって健康を害しています。そうした住民たちが嘉手納、普天間、横田、厚木、岩国など各地で損害賠償や夜間の飛行差止めなどを求めて訴訟を提起しています。これらの裁判は爆音訴訟と呼ばれ、厚木では原告数が５０００名を上回り、嘉手納では２２０００名を上回る極めて大規模な訴訟となっています。

裁判所は、基地の騒音被害による住民の損害を認め、日本政府に損害賠償を命じる傾向にあります。しかし、アメリカ合衆国に対する請求は全く認められていません。

第三次嘉手納基地爆音訴訟第一審判決（二〇一七年二月二十三日）は、「日本が、米軍の駐留を受け入れている以上、米軍は、受入れ国である日本の司法権に服さない（主権が免除される）という国際慣習が存在する」と判断しています。

米軍人個人に対しても、米国に対しても、被害者が損害の賠償を請求することができない仕組みが作られているのです。

## 騒音発生回数（嘉手納局）

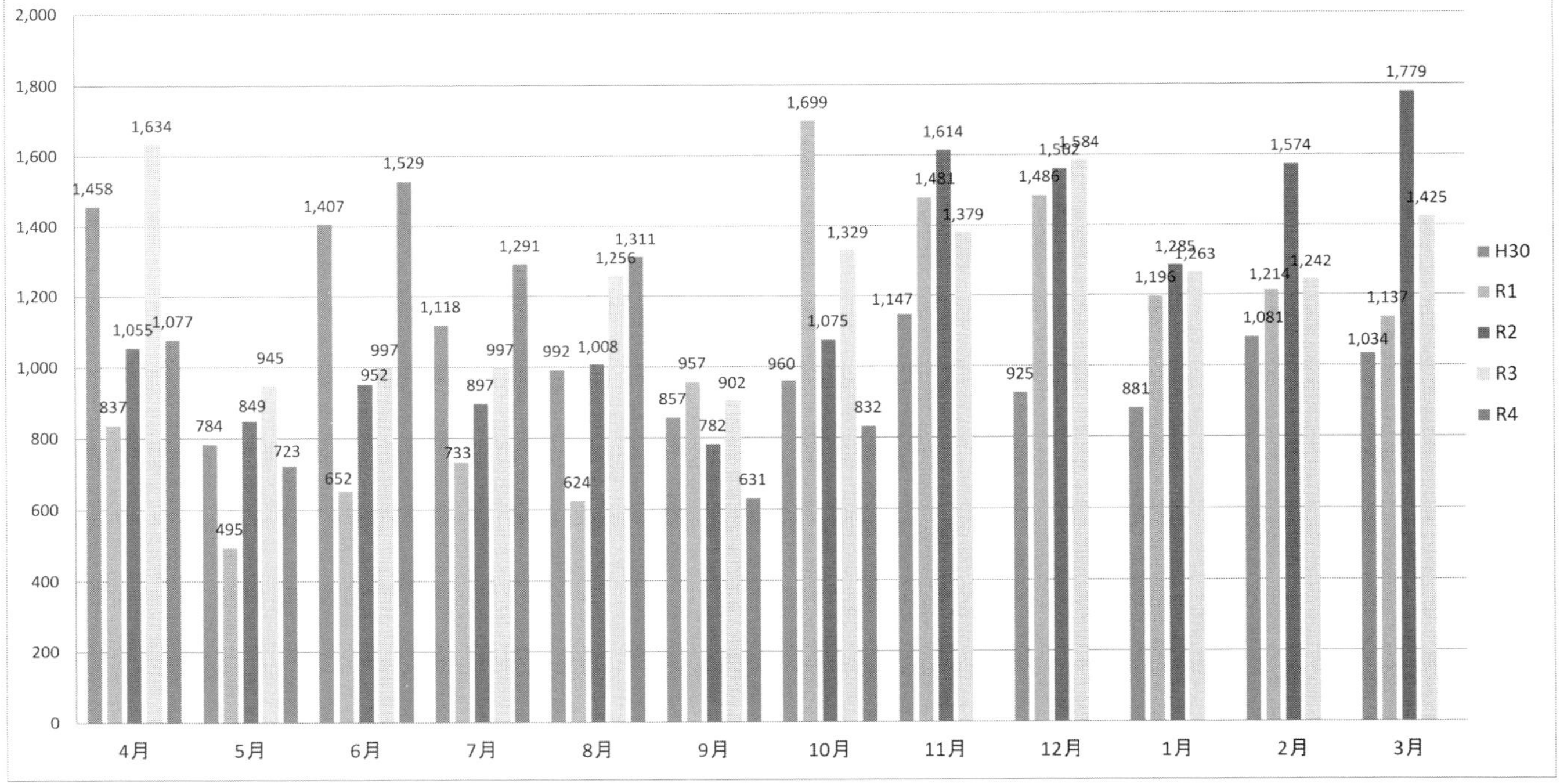


| | 4月 | 5月 | 6月 | 7月 | 8月 | 9月 | 10月 | 11月 | 12月 | 1月 | 2月 | 3月 | 合計 | 月平均 |
|---|---|---|---|---|---|---|---|---|---|---|---|---|---|---|
| H30 | 1,458 | 784 | 1,407 | 1,118 | 992 | 857 | 960 | 1,147 | 925 | 881 | 1,081 | 1,034 | 12,644 | 1,054 |
| R1 | 837 | 495 | 652 | 733 | 624 | 957 | 1,699 | 1,481 | 1,486 | 1,196 | 1,214 | 1,137 | 12,511 | 1,043 |
| R2 | 1,055 | 849 | 952 | 897 | 1,008 | 782 | 1,075 | 1,614 | 1,562 | 1,285 | 1,574 | 1,779 | 14,432 | 1,203 |
| R3 | 1,634 | 945 | 997 | 997 | 1,256 | 902 | 1,329 | 1,379 | 1,584 | 1,263 | 1,242 | 1,425 | 14,953 | 1,246 |
| R4 | 1,077 | 723 | 1,529 | 1,291 | 1,311 | 631 | 832 | | | | | | 7,394 | 1,056 |

### (3) フィッシャーさん強姦事件

米軍人が公務外で起こした事件や事故については、法律上は被害者が加害者個人に対して損害賠償請求をすることができます。しかし、日米両政府が、その請求に協力しなかったり、積極的に妨害したりすることがあります。

二〇〇二年、空母キティホークの乗組員が神奈川県横須賀市でフィッシャーさんを強姦しました。[*1] フィッシャーさんは加害者に対して治療費や慰謝料などを求める民事裁判を起こして300万円の賠償を認められますが、突然、加害者の行方がわからなくなってしまいます。

フィッシャーさんは加害者を追跡し、加害者がアメリカにいることを突き止めました。事件から十年後にアメリカのミルウォーキーで加害者を提訴し、損害賠償金1ドルで和解してようやく責任を認めさせることができました。

この裁判の中で、加害者は米軍から帰国を命じられたことを証言しています。この帰国命令さえなければ、フィッシャーさんは十年も加害者を追い続ける必要はありませんでした。また、日本政府も、彼女が何度要請しても、協力しようとしませんでした。

＊1　この米兵はすぐに特定されましたが、不起訴処分となります。なぜ米兵が刑事責任を負わないのかについては第五章を参照のこと

◎キャサリン・ジェーン・フィッシャーさん

## 2. 地位協定及びその運用の問題

事故や事件によって被害を生じさせた加害者はその損害を賠償する責任を負うのが民法の原則です。それは、不幸にも被害に遭った方の救済を図るためだけでなく、加害者となれば損害賠償責任を負う仕組み自体が、事故や事件の防止に繋がるからです。

ところが、すでに事例を見てきたように、米軍や米政府にはこうした責任を負わない特権が認められており、他方で被害者の回復は置き去りにされています。地位協定やその運用による問題点を整理してみましょう。

## (1) 米兵個人・米政府が責任を負わない仕組み

①米兵個人の免責

ファントム墜落事故のケースで見たように、米兵個人は公務中の行為についての損害賠償責任を負いません。日本政府が代わりに支払うものと規定されています。

このこと自体は自衛隊員などの公務員も同様ですが、自衛隊員や公務員の場合、重大な過失で事故を起こしたりわざと事件を起こしたりしたときには、後で国が支払った賠償額を国に弁償しなければならないことがあります。そうしたリスクを負わせることで、できるだけ不注意による事故を避けようと法律が規定を設けているのです。しかし、米軍人の場合、日本政府から弁償を求められることはありません。事故や事件を起こすことについて、歯止めがきかないということです。

②米政府の免責

被害を被った本人は、直接米政府を相手に訴えを提起することすらできません。あくまでも日本政府がいったん賠償責任を負い、日本政府が米政府に対してその金銭負担を事後的に求めることができるにすぎません。

また、公務執行中に米軍構成員等が事故や事件を起こした場合、１００パーセントアメリカに責任がある場合でも、その損害賠償額の25パーセントを日本が負担するものと地位協定は決めています。これでも十分に不平等ですが、さらには、その25パーセントについての損害賠償ですら、アメリカは一切支払ったことがないのです。不平等な地位協定の規定を運用によってさらに改悪し、アメリカの加えた損害の全てを日本が支払っているのが現実です。

### ⑵ 被害者の救済を置き去りにする仕組み

①米政府による妨害行為
公務外の不法行為については、法律上は加害者が損害賠償責任を負うことになります。しかし、フィッシャーさんの事例で見たように、米軍当局が加害兵士を帰国させてしまったために損害賠償金を支払わせることができなくなるケースがあります。
②長引く損害賠償手続き
米軍人による不法行為の被害者は損害賠償請求をするため、防衛局と交渉したり民事訴訟を裁判所に提起したりするなど様々な手続きをとらねばならない現実があります。そのため、最終的に損害の補塡を受けられる場合も、数ヶ月あるいは数年以上を要するという問題があります。
③不十分な補償金規定
米軍などが起こした公務外の事件や事故については、米軍が被害者に補償金を支払

うとの規定があります。しかし、この金額は米軍が決定するものにすぎず、また、米兵の家族が事件や事故を起こした場合には補償金の規定もありません。

## 3．改善案

加害者が責任を負わず、米軍から被害にあった者が十分に損害回復できない、そんな事態は変えていかなければなりません。

### (1) 米兵個人・米政府に責任を負わせる仕組み

①米兵個人の責任を問う仕組み

重大な過失によって事故を起こしたりわざと事件を起こしたりした場合は、日本政府が加害者個人に対して弁償を求めるものとすべきです。

②米政府に負担を負わせる仕組み

日本は、外国政府が責任を負うべき事件や事故については、外国政府にも民事裁判権を及ぼすことを法律で定めています。米軍による不法行為についてもこのルールを適用できるように、地位協定を改めるべきです。

また、米軍関係者らによる不法行為について、アメリカのみに責任がある場合には、日本政府は、被害者に対して支払った損害賠償金及び慰謝料をアメリカ政府に対して全額求償するべきです。責任の割合に応じて負担の割合を定め、その定まった額についてはすべてアメリカ政府に対して求償しなければならないとすべきです。

## ⑵　被害者の早期救済を可能にする仕組み

①日本の民事訴訟手続における米軍の協力義務

米軍兵士が日本の裁判において被告とされた場合、米軍当局は、当該兵士を日本から出国させてはならないとすべきです。

また、被害者による民事訴訟を通じた損害賠償を可能にするため、訴訟提起、立証、執行の各場面において、米軍は被害者に協力しなければならない、とすべきです。具体的には、訴訟提起の場面で加害者を特定したり、必要な証拠の収集に協力したり、執行手続に際して米軍が応諾することを義務付けるといったことなどが考えられます。

②日本政府による一時的な損害賠償の支払い

まずは、米軍から被害を被った被害者に対する損害賠償が迅速かつ十分になされるようにする必要があります。そのために、公務中・外を問わず、米軍・軍構成員・軍被用者・それらの者の家族（以下「米軍関係者ら」といいます）による不法行為により民間人が被害を受けた場合、最終的にはアメリカ政府が損害賠償及び慰謝料の支払義務を負うべきですが、迅速な被害者救済を実現するという観点から、まずは日本政府が早期に損害賠償をするものとすべきです。

もちろん、一時的な立替え払をした後に、日本政府がアメリカ政府に対してその負担を求め、アメリカ政府がこれに応じるものとする規定も必要です。

## 4．各国比較

### ⑴ 請求権放棄

外務省は、米軍による施設（営造物）の管理に瑕疵があることで損害が生じたと認められる場合には、米軍構成員の公務執行中に生じたものとして、日本政府の対米請求権は放棄されると考えています。しかし、ドイツ政府やイタリア政府はこの請求権を放棄していません。

スペインでは、実際にアメリカ政府が住民に補償金を支払ったケースもあります。一九六六年、訓練中の米軍機が衝突事故を起こし、4つの水素爆弾が集落に落下して深刻な汚染が生じました。[*2] これを受けて地域住民から536の訴訟が提起され、アメリカ政府は71万914ドルを支払っています。

### ⑵ 強制執行

現在日米地位協定の下では、日本は米軍構成員らの給与に対する強制執行は認められていません。他方、ドイツのボン補足協定では、給与に対する強制執行に関する原則が定められており、執行が可能となっています。

＊2　パロマレス米軍機墜落事故

# 第七章　環境問題

一九六八年七月二十一日、具志川（現・うるま市）に海水浴にきた児童およそ240人が、海に入った途端、肌がただれ、唇がはれ上がるなど、やけどのような皮膚炎を起こすという事件が起きました。当時、原因は明らかになりませんでしたが、その後の米兵や基地従業員の証言により、米軍が有毒な枯葉剤を海岸線に噴霧したことが原因であると疑われています。

戦後二十七年間米国に占領されていた沖縄では、1千発を超える核弾頭、1万トンを超える神経剤、ドラム缶数万本分の枯葉剤など、大量破壊兵器や化学兵器が膨大に保管されていました。また、特に枯葉剤は、少なくとも15の基地で保管、噴霧または廃棄されたともいわれており、各地で環境汚染や健康被害が報告されています。

## 1．米軍による深刻な環境汚染

近年、在日米軍の司令部がある米軍横田基地（東京）でも、毒性が高いとされる界面活性剤のPFOS（ピーフォス＝有機フッ素化合物）等の大量漏出が確認されました。横田基地で二〇一二年、PFOSを含む泡消火剤3028リットルが貯蔵タンクから土壌に漏出。同年、同剤95リットルが漏れる別の事故があったほか、二〇一〇年にも38リットルが漏出する事故がありました。

ＰＦＯＳは一九四〇年代に米国で開発された界面活性剤で、耐熱性に優れていることから消火器などの泡消火剤成分として広く使用されてきました。しかし、ほとんど分解されず人体や自然界に蓄積する毒性があることなどから二〇〇九年、残留性汚染物質を排除する「ストックホルム条約」の対象になり、日本国内でも翌二〇一〇年、毒性が高い「第一種特定化学物質」に指定され、大手メーカーなどは事実上の製造停止に至っています[*1]。

横田基地内11の井戸から二〇一六年に採取した水を検査した結果、高濃度のＰＦＯＳが検出されました。米保健当局はＰＦＯＳの含有上限を7ｐｐｔ[*2]、類似のフッ素化合物ＰＦＯＡ（ピーフォア）は11ｐｐｔと勧告していますが、この井戸からはＰＦＯＳと、ＰＦＯＡの総量が最大35ｐｐｔ検出されました。二〇〇五年には、京都大学大学院医学研究科などの研究チームが、多摩川で最大４４０ｐｐｔのＰＦＯＳが検出されたことと同基地からの排水を関連づける論文を『エンバイロンメンタル・サイエンシズ』誌で発表しています。

沖縄ではＰＦＡＳ（ＰＦＯＳやＰＦＯＡを含む総称）による水道水の汚染も判明しています。

このように、日本各所で米軍による環境汚染は深刻な問題となっていますが、米軍による汚染が疑われるような状況であっても、地位協定が壁となり、調査が阻まれてしま

＊1　化学物質の審査及び製造等の規制に関する法律

＊2　1ｐｐｔは1兆分の1。また、生涯健康勧告値とすれば２００ｎｇ（ナノグラム）以下

う現実があります。さらには基地の返還の際にも、汚染された土壌が洗浄されることなく米軍から返されてしまいます。これらのことから、基地の存在によって引き起こされる健康や環境への被害は、さらに深刻な状況となっています。

## 2．米軍による立入り調査拒否

日米地位協定第三条1項では、米軍による「基地管理権」が定められており、米軍施設の中で環境汚染が発生したとしても、日本政府や地元自治体などによる基地内への立ち入り調査は認められていません。

### (1) キャンプ・ハンセンでのブラックホーク墜落事故

二〇一三年八月五日、米海兵隊基地キャンプ・ハンセン敷地内の山中に、米空軍嘉手納基地所属のＨＨ60ブラックホークヘリコプターが墜落。同種機の部品には放射性物質のストロンチウム90が使われていました。墜落現場は宜野座村の取水する大川ダムから20メートル程度の地点と推測されており、宜野座村が墜落現場の地形やダムとの距離などを詳しく調べる目的で墜落現場への立ち入りを求めましたが、米軍がこれを拒否。翌日に、大川ダムに限り宜野座村職員による調査が行われましたが、付近の土壌や現場の調査は拒否されました。

なお宜野座村は事故当日このダムからの取水を停止しましたが、翌年六月に沖縄県と米軍が行った調査で正常な値が示されたことを受け、停止から一年以上を経た八月十三

◎キャンプ・ハンセンへのヘリコプター墜落事故（二〇一三年八月五日　琉球新報社提供）

日、取水を再開しました。

### (2) 順守されない「環境協力合意」

もっとも日本政府は、米軍施設内で環境汚染が発生した場合に、調査や視察等について米軍が協力するとした日米合同委員会による「環境協力合意」(一九七三年合同委合意)を二〇〇三年に公表しています。この合意では、米軍基地内で水、油、化学物質による汚染が発生した場合、自治体側が米軍の現地司令官に調査を要請し、司令官が許可すれば、基地内の立ち入り視察や土壌のサンプル入手を可能とすることが決められています。しかし右記のように、この合意があるにもかかわらず、米軍側は非協力的な対応をとっているのです。

この背景には、日本政府の側に、合意を順守する姿勢が見られないという問題があります。この「環境協力合意」は、一九七三年に日米合同委員会で合意されたものでしたが、外務省は二〇〇三年まで公表しませんでした。この三十年の間、沖縄県は汚染の原因調査のため基地内への立ち入りを繰り返し求めてきています。外務省は七三年合意には触れないまま、「基地管理権」を理由に立ち入りを認めてきませんでした。米軍はもとより日本政府も、日米合同委員会での合意を守る姿勢にないのです。

### (3) 海外の協定では

《ドイツ》

この立ち入り調査について、ドイツでは、連邦、州、市町村の所轄ドイツ当局が事前通知をすれば、米軍が施設への立ち入りを含む援助を行うと定められています。さらに、緊急事態や危険が長引く場合には、事前通知なしの即時の立ち入りも米軍が許可する取決めとなっています。

《韓国》

韓国では、二〇〇一年の韓米合意議事録の了承覚書によると、環境条項を創設し、在韓米軍基地で汚染が起きた場合、基地所在自治体が立ち入って共同調査を実施できることとされています。また米国には迅速な通報体制も義務付けられており、汚染発生直後の電話連絡に加え、四十八時間以内の文書による正式な通知義務も定められています。

《イタリア》

イタリアでは、一九九五年に「基地使用実施手続きに関するモデル実施取決め」等が締結されており、米軍基地に対する強い権限が認められています。この取決めによると、米軍基地はすべてイタリアの司令官の下におかれ、米軍側は重要な行動をすべてイタリア側に事前通告する上、作戦行動や演習、軍事物資・兵員の輸送、いかなる事件・事故でもその発生をイタリア側に通告する定めとなっています。また、米軍の行動が公衆の生命・健康に危険を及ぼすとみなされる場合、イタリアの司令官は米軍の行動を直ちに中止する権限をもち、地方自治体にも米軍の行動に異議を申し立てる制度が確立されています。

### (4) 改善案

日本においても、米軍施設内で環境に悪影響を与える事態が生じ、あるいは、そのおそれが生じた場合には、米軍から自治体への通報義務を定める規定や、自治体の立ち入り調査および必要な措置を講じることを認める規定の新設が必要です。[*3]

## 3. 返還跡地の水銀などの有害物質による汚染

地位協定第四条1項により、米軍が日本政府に軍用地を返還する際、その土地に汚染が認められても、米軍は原状回復義務を免除されます。一九六〇年に地位協定が結ばれた当初は環境汚染の問題は市民に注目されていませんでした。しかしその後数々の公害や軍による汚染の実態が明らかになり、また市民の環境意識も大きく変わりましたが、社会全体におけるこの条項の見直しは行われていません。

### (1) 返還された跡地の深刻な汚染

一九九五年十一月、米海兵隊「恩納通信所」が日本政府に返還されました。しかし翌年三月、この跡地の汚泥約120トンから、水銀やカドミウム、ポリ塩化ビフェニール（PCB）等計11種の有害物質が検出されました。しかし、米軍は原状回復義務の免除を理由に土壌の洗浄や汚泥の受け入れを拒み、日本側が二年以上かけて汚泥を撤去し、ドラム缶700本に詰め、航空自衛隊恩納分屯地内で仮保管しました。

汚染の影響で地主への引き渡しはなされず、開発を提案していた10社近くの企業も計

＊3　一九七三年の合同委合意で手続きが定められているが、隠されてきた。（133頁参照）

画を撤回、村内漁業者は風評による被害を受けました。跡地利用計画も一時中止となり、返還から九年を経た二〇一四年二月にようやく再開されました。
なお、汚泥を詰めたドラム缶は恩納分屯地内で引き取り手がないまま十八年間保管されましたが、二〇一四年三月、福島県いわき市の民間廃棄物処理施設への搬出が終了しました。

## (2) 海外の協定では

《ドイツ》
ドイツでは、国内に駐留する米軍などの外国軍基地に対し、施設使用時の環境保全についてドイツ国内法の適用を明記し、各軍に環境影響評価の調査実施や環境汚染の浄化責任と、費用負担も義務付けています。

《韓国》
韓国では、返還前に韓国側自治体が参加しての環境汚染の事前調査が可能となっています。また、二〇〇三年五月の合意では、返還される米軍基地から汚染が見つかった場合、在韓米軍が独自に積み立てた基金から原状回復費用を捻出し、浄化義務を果たすことが取決められています。

## (3) 改善案

日本においても、日米地位協定第四条1項の廃止と、米軍の原状回復義務を定めた規定の新設が必要です。

コラム9

# グアムにおける米軍

アメリカの「植民地」であるグアムも、米軍の存在に振り回されてきました。

グアムは現在、「未編入領土」という位置づけでアメリカの統治下にあり、条約や地位協定が定められることのない中で米軍が駐留しています。グアム島の面積は544平方メートル（沖縄本島の約半分）ですが、このうち約3分の1は米国防総省の所有地となっています。

## 今も「植民地」とされるグアム

グアムは、大国に振り回されてきた歴史を抱えています。スペイン統治（一五六五年〜）およびアメリカ統治（一八九八年〜）を経た後、太平洋戦争中の一九四一年から約二年半の間、日本軍が「大宮島」と名付けて占領統治し、これを四四年にアメリカ軍が奪還した後、現在までアメリカが統治しています。

グアムの人々にはアメリカ大統領選挙の投票権がありません。代表としてアメリカ連邦議会に「下院議員」1人を送っていますが、この議員は本会議での投票権を認められていません。基本的には憲法を含む米国の法律が適用され、グアム固有の法律等についてはグアム議会で立法活動が行われるものの、基地の問題については権限を有していません。

グアムでは現在、人口の約4割を構成する先住民族のチャモロの人々を中心として、脱植民地化の取り組みが続けられています。このような取り組みを続ける人々は、グアムをアメリカの「植民地（colony）」と表現しています。

## グアムの米軍基地と米軍再編計画

グアムには、沖縄の嘉手納空軍飛行場の約4倍の広さのアンダーセン空軍基地や、原子力潜水艦や原子力空母が寄港するアプラ海軍基地、海軍弾薬庫地区、海軍通信基地などが置かれています。米太平洋空軍は、グアムをインド・太平洋地域での有事に対応するための長距離爆撃機基地の一つとして位置づけています。

二〇〇六年五月に日米両政府が発表した、在日米軍と自衛隊の再編計画である「再編実施のための日米のロードマップ」の中で、普天間基地の返還と辺野古における基地建設、および在沖縄海兵隊の一部をグアムに移転することが示されました。

沖縄から多くの海兵隊員がグアムに移転されるとの決定を受け、グアムでは強い反対運動が起きました。当初の計画には、貴重な文化遺産がのこる地域を含め、射撃訓練場の建設のために米軍基地外において新たな土地収用が予定されていたこと、8万人規模の隊員・家族の流入により島の人口が1.5倍に膨れ上がり、水・電気などのインフラ不足や物価の高騰が懸念されること、その他建設による環境破壊や土壌・水質汚染の点など、様々な問題があったのです。

## 再編計画の変更

特に射撃訓練場建設の問題についてはアメリカ本土でも多くの反対の声が上がり、本土の弁護士が協力して、グアムの住人による米軍に対する裁判も開かれました。裁判では、射撃訓練場の建設が環境保護政策法（NEPA）をはじめ複数の法律に違反していることを主張したグアム住民側が勝訴しました。

このような経緯の末、二〇一二年、米軍再編計画が見直され、移転される部隊・人数の変更や、移転規模の縮小に伴う経費削減が行われました。射撃訓練場の建設についても、建設予定地が米国が管轄している島北部のアンダーセン基地内に変更されました。

変更された基地計画については、グアム商工会議所が二〇一七年五月に発表した世論調査では、グアムでは69パーセントもの人々が現在の計画を支持すると回答しています。しかしながら、自己決定権の視点や、文化・伝統・環境の破壊という問題から、現在でも反対運動は続けられています。

# 第八章　米軍駐留経費負担

トランプ米大統領が二〇一六年の大統領選挙中に、「米軍の駐留経費を全額日本が負担しない場合は米軍を撤退させる」と発言し、日本政府がその火消しに走ったことが記憶に残っている方もいらっしゃるのではないでしょうか。その後にもトランプ大統領は駐留経費の日本側負担（思いやり予算）を、現在の4・5倍にあたる年約80億ドル（約8646億円）への増額を要求したとされ、波紋が広がりました。米軍基地を日本に置き、お金を払ってアメリカから守ってもらう。それが、戦後日本の安全保障のあり方であったとも言えますが、その金額負担は、はたして適正なものだったのでしょうか。この点について、歴史を振り返りながら、本章で見ていきましょう。

## 1．日本は米軍の駐留経費をいくら払っているか

日本にある在日米軍基地の経費として日本が支出している金額は、大きく三つに分けられます。

一つ目は、「在日米軍の駐留に関連する経費」と呼ばれているもので、日本政府が提供している施設の整備費や光熱・水道料などに2056億円、施設借料や漁業補償

に２０５５億円、あわせて４１１１億円（二〇二二年度予算）が日本政府から米軍に支払われています。

二つ目は、「ＳＡＣＯ[*1]で沖縄に土地を返還するのための事業などに１３７億円（二〇二二年度予算）が、支払われています。

三つ目は、「米軍再編関係経費」で沖縄にいる海兵隊をグアムに移すための費用などに２０８０億円（二〇二二年度予算）が支払われています。

## ２．どうして米軍の駐留経費を負担するようになったのか

「在日米軍の駐留に関連する経費」は、一九七八年、米国が財政赤字に苦しんでいた時、米軍駐留経費の負担軽減のため、緊急措置として米国負担分を日本側が自主的に支援することにしたのがその始まりです。当時の金丸信防衛庁長官が「日米関係をより強固にするために『思いやり』の精神で駐留費の分担に応じる。」と発言したことから、「在日米軍の駐留に関連する経費」は「思いやり予算」と呼ばれるようになりました。一九八〇年代からは例外的な措置として、日米地位協定とは別に駐留経費を負担するための特別協定を締結してきました。二〇一一年には１８７９億円（二〇一〇年度水準）をその後五年間、日本側が負担する特別協定が国会で可決されました。

「ＳＡＣＯ関係経費」は、一九九六年の沖縄米軍基地に関する特別行動委員会（ＳＡＣＯ）の最終報告を受け、日本政府が名護市辺野古への新基地建設計画を開始際に、

＊１　沖縄に関する特別行動委員会

その費用として「在日米軍の駐留に関連する経費」とは別に、翌年度からSACO関連経費として計上されたのが始まりです。

「米軍再編関係経費」は、米軍再編事業のうち地元の負担軽減に資する措置に係る経費を日米の合意により別枠として二〇〇七年から計上しているものです。

## 3．日本の負担範囲は適切か？

在日米軍駐留の経費については、日米地位協定第二十四条第1項で「日本国に合衆国軍隊を維持することに伴うすべての経費は、2に規定するところ[*2]により日本国が負担すべきものを除くほか、この協定の存続期間中、日本国に負担をかけないで合衆国が負担することが合意される」と規定しています。この規定からアメリカは、日本が提供した施設・区域に

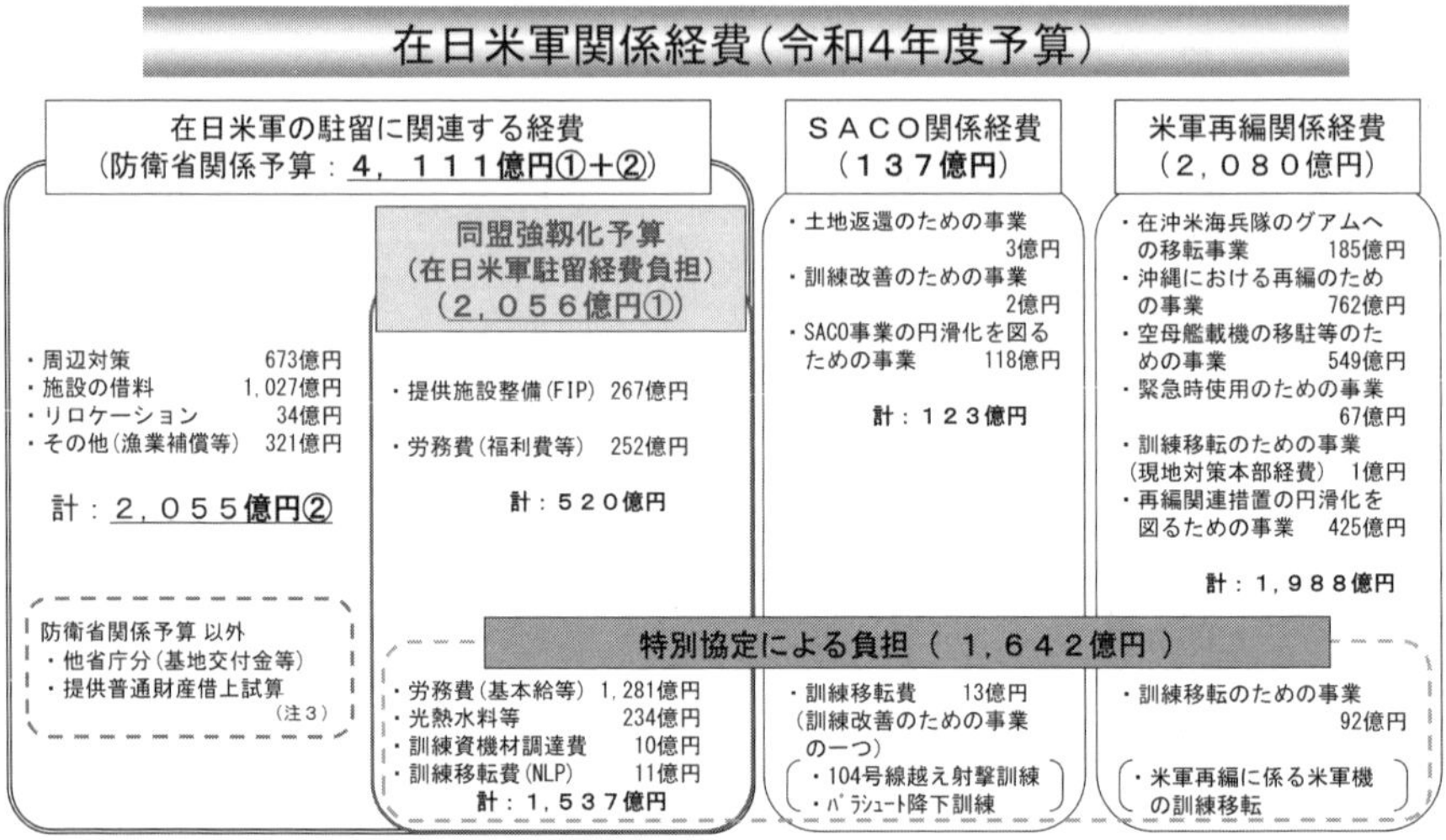


防衛省ホームページより

＊2　巻末資料202頁参照

おける在日米軍基地の維持に必要なすべての経費を負担すると解釈できます。

また日米地位協定第二十四条2項で、「日本国は、第二条及び第三条に定めるすべ[*3]ての施設及び区域並びに路線権[*4]をこの協定の存続期間中合衆国に負担をかけないで提供し、かつ、相当の場合には、施設及び区域並びに路線権の所有者及び提供者に補償を行なうことが合意される」と規定しています。これは、日本側が、施設・区域を在日米軍のために提供し、提供した所有者や提供者に日本側が補償すると解釈できます。

*3　同184〜185頁参照

*4　飛行場及び港における施設及び区域のように共同に使用される施設及び区域を含む

## 4．日本の負担は、過大では？

地位協定第二十四条は、駐留経費について日本の支出が予定されているのは、米軍への施設提供に伴う土地の賃料、周辺対策費等のみで、日本から提供された基地の運営、維持・管理等の関連経費はすべて米国負担となると規定しています。地位協定上、日本側は、軍用地の借り上げ料や路線権（基地へのアクセス）、それに伴う補償料を負う義務しかありません。すなわち、地位協定の規定を逸脱した根拠のない巨額の財政支出が続いていると言えます。

## 5．在日米軍駐留経費負担（思いやり予算）の推移

日本政府の負担額は一九七八年に62億円から始まり、それから基地従業員の労務費、施設整備費、光熱水費、訓練移動費等に拡大され、急増しました。九〇年代に

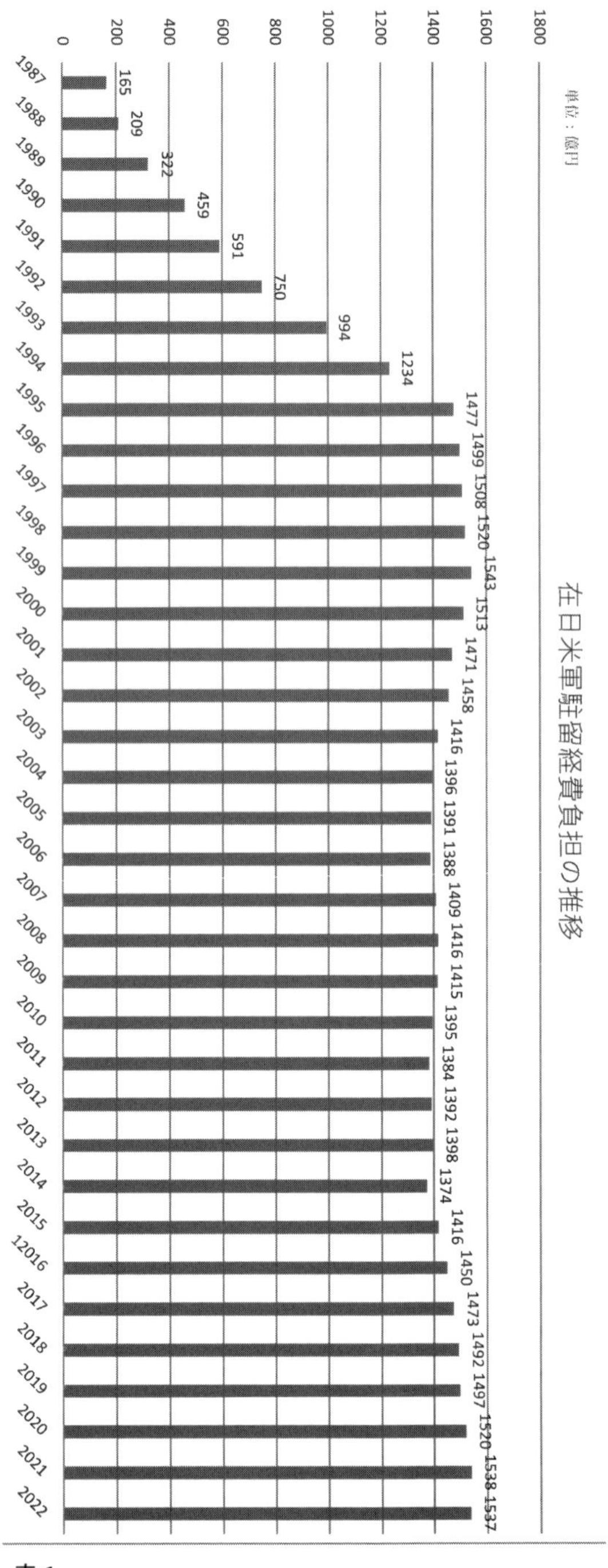

表１

は、娯楽・保養施設、日本人従業員に貸与される制服や備品までも在日米軍駐留経費負担で処理され、ピーク時の一九九九年には、２７５６億円に達しました。娯楽・保養施設にまで使われていたことが批判され、二〇〇〇年代に入って減少し、民主党政権が誕生した二〇一〇年以降は１８００億円台で推移していました。しかし、自民党が政権の座に返り咲いた二〇一二年以降は、少しずつ増加に転じています。

## ６．こんな物も日本の負担

日米地位協定では、米軍が建設した建物（ドル資産）の改修・建て替えは「米軍負担」とすると定められています。しかし、「米軍が建設した建物（ドル資産）の所有権を日本政府に移転」することで日本側資産にして、日本側の負担でそれを改築できるようにしています。

米側が建設した建物の改修・建て替えの他に、日本側が負担させられている費目には、在留米軍の兵舎、米軍家族住宅、米軍基地の地代、米軍機の格納庫、福利厚生施設（食堂、トレーニングジム、体育館等、50メートルプール、ゴルフ場、図書館）、軍人・軍属の家族向けの小中高校、教会建設費、基地従業員の労務費、基地内居住区の電気料金、ガス料金、水道料金等があります。

日本側が負担させられている基地内居住区の電気料金については、米兵が、自ら負担しなくて済むことをいいことに夏の間、外出中でもクーラーをつけっ放しにしていることが批判されています。

日本側が負担している福利厚生施設には、バーやディスコも入居していて、バーテンダーの制服も日本が負担していると言います。ペットケアも日本の負担になっているとの報道もあり、思いやり予算の対象は多岐に渡り、批判が集まっています。

## 7．米軍駐留経費の各国比較

下記の表2、表3は米国国防省による「『共同防衛に対する同盟国の

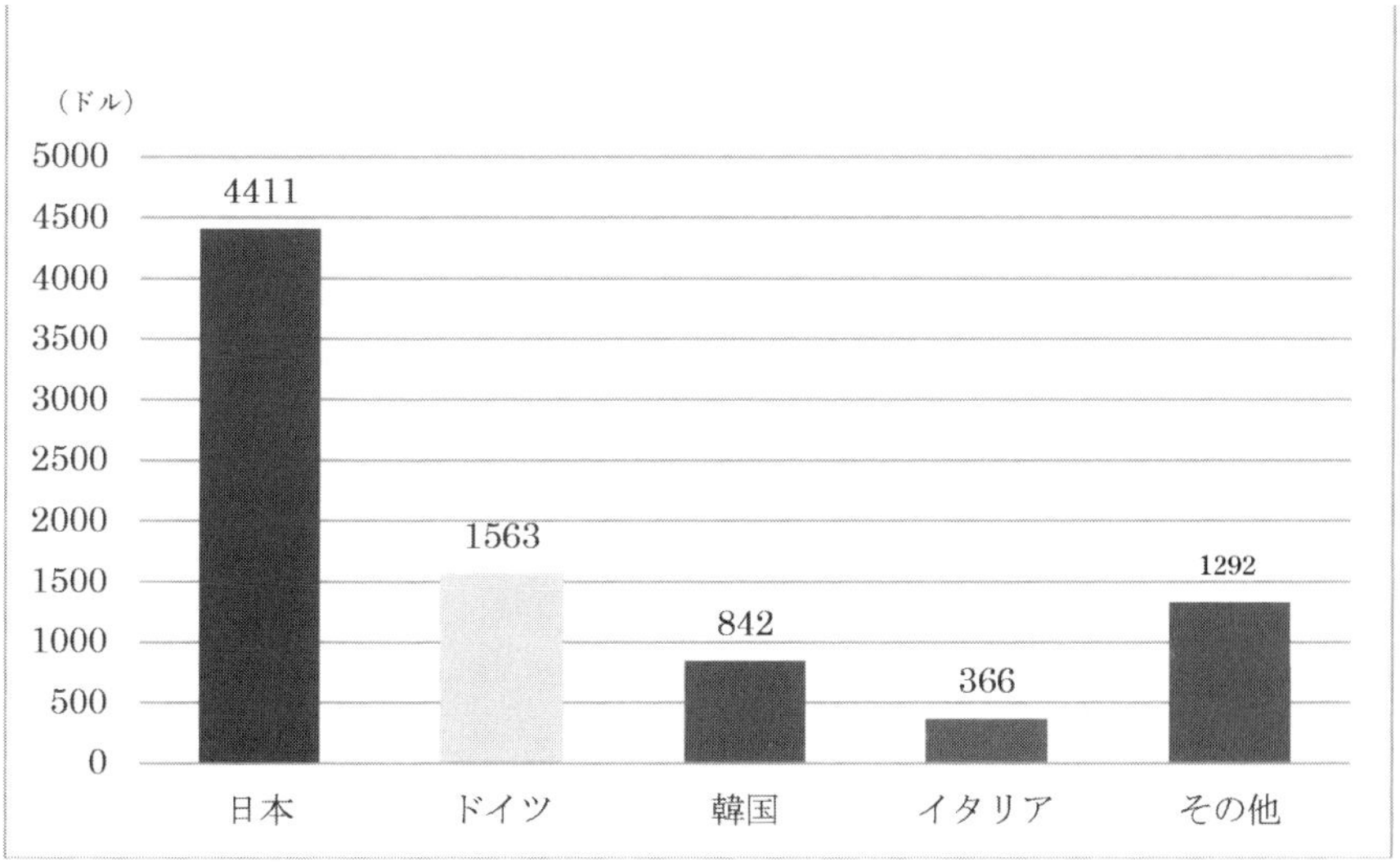


表2

貢献度』に関する報告書二〇〇四年度版」（仮訳）を元に、米軍が駐留する米同盟国27ヶ国による米軍駐留経費の負担について作成したものです。少し古いデータですが、米国政府はこの後には新しいデータを発表していません。

表2を見ると、日本が支出している在日米軍の駐留に関する経費は、日本を除く、米軍が駐留する他の同盟国（26ヶ国）の合計よりも多いことがわかります。つまり、同盟国による米軍駐留経費負担額全額の中でも、日本の負担は全体の50パーセントを上回っているのです。

表3は、各国の米軍駐留の法的根拠と駐留経費負担の法制度についてまとめたものです。米国の駐留経費負担の主要財源は、「軍事建設予算」（ＭＩＬＣＯＮ）ですが、米国は、同盟国・受入国による費用負担をＭＩＬＣＯＮよりも優先的に駐留経費の財源として活用しています。米国はこの基本政策を前提としながら、相手国との関係によって、ＭＩＬＣＯＮの使途を限定的に使い分け、支出規模をコントロールしています。その結果、日本や韓国など二国間ベースに限ると、家族住宅や人的支援施設整備の多くも受入れ国の負担とされており、施設整備費全体の負担額は、ＮＡＴＯ同盟国に比較して大きくなっています。

## 8．米軍駐留経費の額・項目の見直しを

日米地位協定の規定に明確な根拠がないまま、解釈の変更や特別協定の締結により、日本政府は、実質的に支出負担額を拡大してきました。そのため、在日米軍の自己負担

額と日本の負担額が妥当なバランスであるかという検証や、不当支出が行われていないかという観点で支出額と支出項目を見直すことも日米間でなされていません。これまでの日米双方の負担額及び負担割合から見ると、米国にとって、米国本土に基地を建設し、管理運営するより、日本に建設して管理運営するほうがはるかに低予算で済むようになっています。

日本の支出額は他国と比較しても突出しています。日米両国の財政支出の根拠を明らかにするとともに、日本側の負担額と負担項目は地位協定において日本が義務を負う範囲のものに限るか、そうでなくても他の米国の同盟国の負担経費の平均と同水準の額に留めるべきです。

表3　米軍駐留の法的根拠および駐留経費負担の法制度

| | 米軍駐留の法的根拠 | 駐留経費負担の法制度 |
|---|---|---|
| 韓国 | 米韓地位協定 | 米韓地位協定第5条が日米地位協定第24条とほぼ同じ内容の経費負担（韓国に負担を課することなく、アメリカが、施設・区域の提供とその所有者に対する補償以外の米軍の維持に伴う全ての経費を負担すること。）について規定。しかし1991年より、日本と同様に在韓米軍の駐留経費に関する防衛費分担特別協定（Special Measures Agreement）を締結し、地位協定の規定とは別途駐留経費を負担している。 |
| ドイツ | ドイツ駐留NATO軍地位補足協定（通称：ボン補足協定）<br>NATO軍事地位協定 | ボン補足協定第63条第6項に電気・ガス・水道など公益的施設の整備に関する費用分担の規定。 |
| イタリア及びその他NATO同盟国 | NATO軍事地位協定 | NATO軍事地位協定自体に駐留経費に関しては明記されていない。<br>米軍基地の施設整備について、同盟国が集団的な費用負担を行うための「NATO安全保障投資計画」（NSIP）の枠組みの中で、加盟国間で合意された割合に応じて負担することとなっている。NSIPが対象とする事業計画は、危機対応作戦や軍事的設備・能力について求められる諸資源であり、例えば、通信・情報システム、航空指揮・管制システム、衛星通信（システム）、軍事司令部、飛行場、燃料パイプライン、貯蔵施設、港湾、航法支援（システム）などの整備が含まれる。 |

コラム10

## 米軍基地を撤退させたフィリピン

フィリピンは一九九二年、国内のすべての米軍基地を撤退させました。二〇二二年現在では、米軍の一時訪問や、米軍によるフィリピン軍基地の使用、構造物の建設、事前集積等は可能となっていますが、米軍基地は置かれておらず、米軍の継続的な駐留も認められていません。第二次世界大戦前はアメリカの植民地とされ、現在も英語が公用語の一つとされるなど、アジアの中で最もアメリカの影響を強く受けてきたフィリピンで、基地撤退はどのように実現されたのでしょうか。

フィリピンは、333年間に及ぶスペインによる植民地支配の後、一八九八年の米西戦争、翌九九～一九〇二年の米比戦争を経てアメリカに併合され、第二次世界大戦下で日本に占領された後、一九四六年にアメリカから独立しました。その後、フィリピンとアメリカは軍事援助協定や軍事基地協定を結び、基地の存続や、フィリピン軍をアメリカ軍の指揮下に置くことを基礎づけました。フィリピンの米軍基地は広大で、マニラの北西約60キロメートルにあったクラーク米空軍基地は、最大時には現在沖縄にある全ての基地を合わせた土地面積の2倍に匹敵する広さ（5万3036ヘクタール）を持ち、スービック海軍基地はアジア最大の海軍基地（2万3315ヘクタール）でした。

これに加え、一九五一年に米比相互防衛条約を結ぶことで、東南アジア地域における米軍のプレゼンスの維持を図りましたが、植民地状態が続いていたフィリピンでは、地位協定にあたるような協定は結ばれませんでした。フィリピン国内では、一九四七年から米軍基地の撤退が決まった一九九一年までの間、約3000件の米兵犯罪があったとされていますが、ただの1件もフィリピンの裁判所で裁かれたものはなかったといいます。

フィリピンの米軍基地に対する反感は、フィリピンでの独裁政権打倒の運動とともに高まっていきます。一九七二年、フィリピンはフェルディナンド・マルコス大統領のもとで、戒厳令が敷かれました。これにより議会は閉鎖され、政治機能が停止した上、反体制的な政治家やジャーナリスト、活動家など約6000人が拘束されました。翌年、大統領の権限を強大にする新憲法が制定され、マルコス大統領の独裁が始まったのです。

マルコス政権は、アメリカにとっての在比米軍基地の重要性を認識しており、いわば米軍基地を利用して独裁を進めました。当時の米国のニクソン政権や、その後のカーター政権は実質的にマルコス大統領を擁護しましたし、続くレーガン政権ではマルコス大統領に5億ドルの援助を約束するなど、積極的にマルコス大統領を支持しました。

戒厳令は一九八一年に解除されますが、「民主主義」を掲げるアメリカへの信頼の失墜、石油危機による経済の悪化なども相まって、マルコス政権への不満が高まる中、一九八三年、ベニグノ・アキノ元上院議員が暗殺されたことで、政権打倒の要求が高まり、結果、一九八六年二月に総選挙が行われることとなりました。選挙や得票数をめぐってフィリピン国内は混乱を極めましたが、同月二十五日にマルコス氏はハワイに亡命、暗殺されたアキノ氏の妻であるコラソン・アキノ大統領が誕生し、「エドサ（EDSA）革命」「ピープル・パワー」などと称される革命が成立したのです。

アキノ大統領が大きな方針転換として打ち出したのは、新憲法の制定でした。憲法起草のための制定委員会は、法律家のみならず、婦人、農民、労働者など分野ごとに委員が公募され、最終的に48人が正式な委員となりました。米軍基地に関しては必ずしも意見が一致するわけではないものの、独裁政権を打倒した直後ということもあり、独立や主権、民主主義を重視する強い流れがあったといわれます。

一九八六年十月に制定された新憲法では、国家主権や自決権が謳われ、基地協定について、期限切れとなる一九九一年九月以降にどちらか一方が通告すれば、自動的に終了するものとし、かつ新条約の承認には上院議員の3分の2の賛成が必要という規定が設けられました。また、核兵器の貯蔵や備蓄について制限をかける非核条項も盛り込まれました。翌八七年二月の国民投票で、この新憲法は投票総数の76・4パーセントに上る圧倒的な支持を得て、八七年二月に可決されました。

その後、基地協定が期限切れとなる一九九一年を控え、前年五月から、協定終了後の基地についての交渉が開始されました。フィリピン側は、基地協定の終了を通告し、基地提供に対する補償の不足を訴え、米側は新条約の締結と補償額の減額を求めました。しかし一九九一年六月、クラーク米空軍基地に近いピナツボ火山が噴火し、その後同基地は事実上使用不可能であることが明らかとなりました。

翌月、両国政府は、スービック海軍基地のみ十年間の使用延長、クラーク空軍基地の返還を理由にした補償額の減額等を明記した共同声明を発表。翌八月、改めて基地存続を基礎づける「比米友好協力安全保障条約」と、これを補足する3つの協定に調印しました。

これに対して同年九月十六日の上院本会議で、反対12、賛成11で、否決に必要な3分の1どころか過半数の反対票をもって、新条約・協定締結拒否が決議されました。そして翌年の一九九二年十一月、米軍基地はフィリピンから完全に撤退しました。マルコス政権下から続く主権獲得・基地反対の運動や、その結実としての新憲法の存在が、米軍基地撤退を実現させたのです。

あとがきにかえて

# 対談「日米地位協定の本質」

前泊博盛×猿田佐世

## 辺野古問題が問いかけるもの

**猿田**　今日は『世界のなかの日米地位協定』のあとがきにかえて、監修者の二人で地位協定について議論するというのが主旨ですが、最初に、今、この対談がどういう時点で行われているのか、現在の沖縄の状況も含めてお話いただけますか。

**前泊**　いま沖縄が置かれている状況というのは「選挙民主主義の崩壊」。この国の民主主義の状況は辺野古基地建設問題を見ればわかります。

　戦後民主主義のルールは、選挙に立候補した候補者が掲げた公約や政策を比較した上で、主権者である有権者が政治や行政を担う代表を選びます。ところが選挙で選ばれ、この国を任されたはずの人たちが、選挙で示された政策や公約を選ぶ形で示された「民意」をまったく無視してしまう。そうやって選挙で何度も示された「民意」が無視されてしまうと、主権者たる国民ができることは、もはや体を張った抵抗しか選択肢はないということになる。

　これまで長いこと、沖縄では衆院選や参院選、県議選や市町村首長選挙など、あらゆる選挙で「辺野古基地建設反対」の民意が何度も示されてきました。二〇一八年九月の知事選でも「ノー」という民意が示された。にもかかわらず、「選挙というのは様々な要素があるから、必ずしもみんなが辺野古ノーではない」と時の政権の菅義偉官房長官は民意を否定しました。そこで沖縄県は、二択で辺野古基地建設の是非を問う「県民投票」を二〇一九年二月二十四日に実施しました。選挙で示した民意が否定されたために、5億円余の巨費を使ってでも、民意を示さなければならない。選挙民主主義が機能しない。選挙民主主義を否定する政権、政治家、メディアがあるために、選挙民主主義を補う住民投票、市民投票、県民投票という直接民主主義の制度がある。その制度を使わなければならないほど、この国の選挙民主主義は機能不全に陥っています。

ところが、県民投票という直接民主主義の制度で示されたその投票の結果までも無視される。最後に県民に残された手段は、米軍フェンスの前での体を張った抵抗しかないということになります。

悲惨な戦争を経験し、軍隊、基地に対して「もういらない」「平和な沖縄を」と訴える高齢者たちや老若男女を、そこまで追い詰めるこの国の政権、政府とはなんだろうかと思いした。

**猿田**　ほんとうですね。県民投票の結果が圧倒的大差で辺野古基地建設に反対と出ても、日本政府は従わないし、それに政府を従わせる法的拘束力がない。それでも、繰り返し沖縄は意思表明を続けなければならない。

二〇二二年九月にも、県知事選で辺野古基地反対の玉城デニー氏が再選されました。もっとも、最近は名護市長選や衆議院選で辺野古基地反対派が敗北するという選挙も出てきていますが、これはひとえに「反対したってどうせ工事は止まらない」という「諦め」からきたものにすぎず、日本政府や本土が、沖縄の必死の意思表明や懸命な努力を踏みにじり続けた結果であると思います。「賛成すれば米軍再編交付金あげるよ」とアメでつり、「反対したって工事は止めないからね」と何があっても工事は粛々と続ける。頑張り続けてきた沖縄の方々は疲弊しています。

**前泊**　選挙でいくら「基地建設反対」の民意を示しても、無視して建設を強行する。そういうところまで追い込んでしまうこの国の政治とは何だろう、なぜそんな事態が起こっているのか。そのことを突き詰めると、結局、日米安保体制、日米安保条約に基づき提供されている米軍基地、そして基地提供義務を定める「日米地位協定」にたどり着きます。

そして敗戦後の米国による占領政策としておかれたはずの米軍基地が、サンフランシスコ講和条約締結後も駐留を継続し続けている。そのことが長く続きすぎて、もはや「米軍基地そのものがなぜ必要か」という議論はまったくなされないまま戦後七十七年を迎えている。そして、沖縄では、いまも新たな米軍基地建設が民意に背いて強行されている。

**猿田**　そもそも辺野古に基地が必要なのかどうか、所与の前提が「必要なんだ」とされているところがありますけれども、是非、私ども新外交イニシアティブ（ＮＤ）の提言「今こそ辺野古に代わる選択を」(https://www.nd-initiative.org/topics/3858/) を皆様にご覧いただければと思います。近ごろ台湾有事が騒がれていますが、台湾有事についても辺野古の基地はなくても問題ない。そもそも、米国の海兵隊に新しく大型基地を作る必要性はありません。このあたりに焦点をおいた新しい提言もＮＤで出せればと思っています。軍事的に見てもあそこに新しい基地を作る必要はなく、「辺野古に作らなければ普天間が返還されない」というのも政府のまったくのプロパガンダに過ぎないんですね。

**前泊**　そのあたりはプロパガンダが日本政府は非常に上手ですよね。沖縄の問題だけではなくて、自衛隊基地の新設など、すべてにおける軍事的なプロパガンダが非常に巧妙で、上手いと思います。

**猿田**　軍事だけでなく外交でもそうですよね。日本は近隣諸国と全然仲良くできていない。中国、北朝鮮、そして、韓国も。北朝鮮問題が一時期少し落ち着いた際には、韓国との対立を煽るような様子もありました。政府が、陸上配備型迎撃ミサイルシステム「イージス・アショア」を強硬に進めていたところ、突然、撤回となった。しかし、それを受け、今度は敵基地攻撃能力の話が急に出てきて、それを「反撃能力」と呼び換えた上で、二〇二二年末にはこれを日本が保持すると閣議決定されてしまった。

イージス・アショア2基の導入は、予定されていた当時、6千億円するとされていました。そのお金の一部ででも基金を作って韓国の元徴用工や元「慰安婦」の被害者の方々に賠償金を支払って、心からの謝罪を行って、歴史教科書にあったことを書き込めば、一挙に日韓関係は良くなり、この地域は一歩格段に安全になる。敵基地攻撃能力のためなどの高額な防衛装備の購入よりもその方がよっぽど費用をかけずに「安保環境の整備」が進められます。

でも、韓国との関係は、近年の悪化の程度は、それに異論を述べる国民すらほとんど目につかないような状況になってしまっています。対北朝鮮でも対中国でも政府やメディアが煽っているという意味では多分に同じですが、まるでこの地域の対立を改善しない方向に政府がわざと仕向けているようにすら見えます。

**前泊**　たぶんここがポイントになると思うんですが、地位協定の問題というのは在日米軍が必要かどうかという議論の中でしか出てこないんですよ。米軍がいらないということになれば地位協定もいらないわけですから。

　だから根源的な議論というのは、この時代に日米安保がまず必要かどうか。そして、本当に日本の安全のために機能しているのかどうかということ。この問いかけがない限り地位協定の問題というのは実は瑣末なものになるんですね。ここだけを議論しても本質的なものではない。たとえは悪いですが、癌が見つかりました。とても痛いです。「じゃあ痛み止めを打ちましょう」と。これが地位協定の改定論議なんですよ。

**猿田**　なるほど。

**前泊**　必要なのは痛み止めじゃない。癌は小さくするなり切り取るなりしない限り、痛み止めを打ち続けることは解決にはならない。そろそろ根源的な病巣を取り除くことを考えないといけない時なんですね。

**猿田**　この点については、トランプ政権時代に、日本政府の「日米同盟にしがみつく」、むしろアメリカが反対しても日本がなんとかして現状を維持するんだという確固たる立場を取ることが明確になりましたよね。

　トランプ大統領は二〇一六年の大統領選挙期間中に、「在日米軍駐留経費を全額日本が支払わなければ，米軍を撤退させる」と言いました。そんなトランプ氏が当選してしまったものだから、当時の安倍首相は選挙直後にニューヨークのトランプタワーに飛んでいって日米同盟がいかに重要か説明したり、令和最初の国賓待遇でトランプ氏を日本に招いて盛大にもてなしたり、ということがありました。それでも、トランプ氏は日米安保条約破棄を匂わせる発言などをして、日本政府は必死に取りなし続けた。日本政府の立場は、何においても日米同盟ありきで、そこには僅かな疑義も挟み込まない。

　トランプ氏が、任期中に、韓国や日本に対して、これまでの4倍以上の米軍駐留経費を請求したということがありました。韓国に対する協議が日本より先行し、ポンペオ国務長官（当時）とエスパー国防長官（当時）はウォールストリート・ジャーナル紙に連名で寄稿し「韓国は扶養家族ではない」と批判し、多額の費用を払え、と迫りました。しかし、ここには、アメリカこそが基地の存在で大きな利益を得ているという事実認識が抜け落ちている。このような事態に際しては、日本は、「韓国は嫌いだ」などと言っていないで、日韓で手を取り合って米国と交渉し、事態を切り抜けるべきだったのです。

異色のトランプ政権は、「何のための日米同盟なのか」「私たちには今後も今の形の日米同盟が必要なのか」ということを考え、議論する良い機会にしなければならなかったのですが、議論どころか、日本から働きかけて、トランプ氏をぐっと既存の安保構造に引き込み、変化を全く許しませんでした。

**前泊**　日本はいま7千5百億円くらいの駐留経費を払っていると政府は説明していますが、実はそれ以外にも、先ほどでた6千億円もするイージス・アショアとか、トランプ大統領に言われて初めて国民が知ったF35戦闘機の新規大量購入の話など、あるいは軍事装備品の米国からの購入など日本の5兆円（当時）の防衛費のうち、半分の2兆5千億円は装備品で使われているんですが、そのうちのアメリカから購入している軍事装備品や兵器、軍事部品などを加えると、おそらく毎年1兆5千から2兆円くらいはアメリカに払わされていると思います。このあたりの軍事負担の計算ですね。

軍事経済や基地経済学を研究している者からすると、費用対効果の面から見て日米安保というのは果たして効率がいいのかどうか、そういう議論までやらなきゃいけないし、韓国の動きなどはもっと注目していいと思います。

それからドイツやイタリアなど同じように米軍が駐留している国がどれくらいの費用負担をしているかも常に見ながら、アメリカの要求してくる額が適正なのかどうか検討や検証をする必要があります。ところが、実際にはその判断が出来ていない。

**猿田**　かつ、米国から防衛装備を買うのは、対外有償軍事援助（FMS）という制度によることとなっていて、その売買価格だとか納期だとか、アメリカが勝手に決めていいことになっていますからね、アメリカの法律で。滞空型無人機グローバルホークなど、米政府は当初、ライフサイクルコストは約１７００億円だと説明していましたが、機種選定が終わると３２６９億円に修正している。２倍です。契約も何もあったものではなく、アメリカの言いなりです。ひどい話です。さらに、二〇二二年末の安保三文書改定でもっともっとアメリカからトマホークなどの武器を買うことになってしまった。

**前泊**　この問題は二〇一八年三月や一九年三月の「参議院予算委員会」などでも公述人や参考人招致された際に指摘しました。たとえば防衛予算のなかでオスプレイが1機いくらで何機買おうとしているのか、分かっている議員がほとんどいないんです。そもそも電話帳のような4冊ほどある政府の予算書の中を見ても、オスプレイの「オ」の字もない。実は予算書には「ティルト・ローター機（V-22）」と書いてあるんですが、これがオスプレイのことだとわかっている議員がほとんどいないんです。しかもそれがほかの装備品と一緒に「トータルいくら」の丼勘定で書かれているので、ますますわからなくなっている。いったいオスプレイの単価がいくらか。そういうことをちゃんと調べて予算書を精査する能力が、もしかしたら日本にはないのかもしれないんです。

だから国会でも議論にならない。そして言われたまま米国の指値で買わされる。軍事に関して精査できる専門家がいないというのは、メディアも同じです。ちょっと昔話になるんですが、琉球新報に入社してすぐの頃、「子どもたちの赤信号―学校保健室はいま」という連載企画でアップジョン医学記事賞特別賞というのをもらったんです。

**猿田**　地位協定で有名な前泊さんのイメージとは全然違いますね！　入社してすぐですか？

**前泊**　入社した最初の年から夕刊の片隅に１２４回も書いた。もっとも読まれない連載記事ナンバーワンだと思っていたら、「アップジョン医学記事賞特別賞」という国際的な医療記事賞の大賞をもらいました。まるで宝くじに当たったような感じでした。それで世界各国の授賞者のシンポジウムに招待されてアメリカに行ったんです。ミシガン州のカラマズーという町。

アップジョンというのは、いまは買収・統合されてファイザーという社名になっていますけれども、カラマズーはアップジョンの企業城下町です。そこに世界14ヶ国から受賞者が集まったんですが、記者たちの大半はメディカルドクター（医学博士）の資格を持っているんです。その日のパーティでイギリスの記者に聞かれたんですね。「おまえの大学での専門はなんだ」と。「ポリティックス（政治学）」と答えたら、「オー、メディカル・ポリティックス（医療政治学）？　面白い！」と。「ノー、ノー、ポリティックス、政治学」って返したら、「なぜポリティックスがここにいる？ここはメディカルドクターの資格を持ったメディカル・ライターが集まる場所だぞ」と。

このイギリスの記者がしつこい奴で、「われわれは医者の嘘を暴くために、そして医療のミスを追及するために、専門知識をもって書いている。なのにおまえはなんだ。なんで専門がポリティックスで、どうやって医者の嘘を見破るんだ」と聞いてくる。私は咄嗟に言ったんです。「大丈夫、日本の医者は嘘をつかない」。そこで会場全体が大笑い。「医者は嘘をつかない」っていうのが、その日いちばんのパーティー・ジョークになったんです。（笑）

つまりメディカル・ライターというのはそれぐらいのプライドをもっている。当たり前ですよね。同じ資格を持っていても医者の10分の1くらいの収入でやっているんだから。

それは実は軍事記者だってそうなんです。日本にいったい本当の軍事記者が何人いるか。地位協定、安全保障の問題を抉れる記者がどれほど育っているか、ということなんです。

それはたとえば東京新聞にいらした半田滋さんとか、NHKの島田敏男解説委員とか、専門家はいますが、彼らはみんな僕らが二十代の頃から付き合っている人たちです。その人たちがまだやってる。後進が育っていないんです。

これは組織の問題で、記者というのは三年くらいのローテーションで分野をどんどん替わるんですね。そのなかで専門をやりたい人は編集委員になって、ずっと居座って、自分のやりたい仕事を奪い取るんです。会社もどんどんスクープを打ってくるから動かせなくなる。でもそれは継承していかなくてはいけないんです。たとえば現場を追いかけるのは若い記者。それを解説したり、政治家の懐にまで飛び込んで、というのは解説委員の仕事として、その役割を譲っていかなくては。

そういうことに関しては、沖縄の新聞はちゃんと出来ているんです。軍事担当の記者の数も相当いて、それがチームを組むときなどには役に立つ。そういう専門記者を作らなければダメなんです。

## 日本のなかの日米地位協定

**猿田** 政治家にも記者にも専門家がいない、それが問題であるということには非常に納得がいきます。

先ほどの日米の関係の話に戻ると、この問題を前泊さんはもう何十年とおやりになっていて、私もこの十年ちょっとの間、かなり突っ込んでやっているつもりですが、やればやるほどアメリカも問題だけれども、それ以上に日本政府が問題じゃないか、という思いがわいてくるんですよね。

たとえば、地位協定は変えることができないという思い込みが日本にはある。日本政府は、変えようと努力をすることもしない。でも、これ、絶対に変えられるんですよ。他の国だって変えさせてきているんだから。でも日本政府はそうはしない。それどころか、多分、政府の担当者は変えた方がいいのだろうかということを真剣に考えようとしたこともない。

変えたい立場の私たちとしては、アメリカの前に、まずは日本政府にちゃんと変えようと思わせなくてはならない。主張するときにはきちんと主張するイタリアやドイツ、韓国などに比べて、この日本政府の情けなさ、どう思われます?

**前泊** この問題について私がいつも注意しているのは、「政府が」とか「省庁が」とか、十把一絡げで言ってしまうと責任の所在がわからなくなってしまう。「この人」というふうに名指しで言わないと変わらないんですよね。

メディアのなかの人でもそうですが、「この人とこの人」とターゲットを絞って名指しで、これこれこういうことを変えなくちゃいけないという気にさせるしかないんですね。「政府」「政府」と言っていると、国民もみんな大きなものを相手にしているような錯覚に陥って「ああ、手の届かないところにある。抗議しても無駄。言っても無理。もういうことを聞くしかない」「政府が言っているんだからしょうがない」と思ってしまう。

**猿田**　確かに、そうですね。あるいは批判する側も、とりあえず「政府」を批判しておけばいい、ってなっちゃいますね。

この本の作成に着手する少し前のことになりますが、アメリカ人インターンに日本と韓国の地位協定改定について、調査して皆の前で発表するよう頼みました。そしたら、そのインターンの彼は、プレゼンテーションのスライドの冒頭に鈴木量博《かずひろ》氏の顔写真を掲載したんです。鈴木量博氏って誰かご存じですか？　外務省担当記者でもない限り知らないと思いますが、鈴木量博氏とは、その当時の外務省北米局長で、北米局長は日米合同委員会の代表でもあるため、インターンの彼は、この鈴木氏の写真をプレゼンテーションの冒頭に掲載したのです。まさに「この問題の顔！」ということで。

私は、頭をガツーンと殴られた気がした。私は地位協定について論評したり、批判したりするとき、誰か「個人」のことを論評したり批判するという精神を持っていなかったからです。もちろん彼一代でことが今のようになっているわけではないですが、彼は当時の責任者（二〇一八年～二〇年）として大きな責任を担っている。また、そのインターンの彼が言うには、彼は調査をするにあたり、まず、政府の中で誰が地位協定の問題の担当なのかを調べて、掲載する写真を探そうとした。でも、韓国でも米国でも担当者の名前や写真が何人分もすぐ出てくるのに、日本ではなかなか見つからなかったということなのです。

東京にいながらその調査を頼んだ私は、当時、「東京の頭」になっており、この話は目から鱗でした。しかし、これを私が自分の「現場」としているワシントンの頭に戻せば、私も同じような調査の手法を採っていたと思います。私も、ワシントンにいれば、日本の問題を担当する国務省の役人が誰であるかを常に気にしており、上から下までだいたい名前が浮かぶようにしておきますし、また個々人の個性やこれまでのバックグラウンドも抑えようと努力します。

しかし、日本の官僚の担当者の名前はよほど上の人でないとほとんど知らない。「政府」が猛烈に批判されたときに地位協定を担当するこの鈴木さん、あるいは、その下で働く人たちは、組織内での体面は気にするでしょうが、自分に向けて批判がされたとは思わないでしょう。これは、一種の無責任体制といって良いかもしれません。「政府」と言ったときの顔がみえません。

**前泊**　ええ。もっと言えば、市町村議員で誰を選んだか、県議レベルで誰、国政レベルでは誰というふうにまず自分たちの身近な人からちゃんとチェックして選んでいくということが大切ですね。

ドイツとかイタリアが地位協定を改定できているのは、「もし改定しなかったら次は支持しない。政権替えるぞ」と国民が政治家や軍の司令官たちを脅すからです。政権を維持したければ、アメリカと交渉せざるを得ない。

**猿田**　そうそう、私、少し前に、前泊さんへのショートメールで「合同委員会廃止キャンペーンをやろう」って書いたんです。合同委員会って、日米関係にまつわる多くのことの諸悪の根源になっている。時に憲法を超える権限すら持っているのに、何もかも秘密で実体が分からない。合同委員会に出ている人を、下位の部会まで全員名前を明らかにし、何をやっているかを開示させる必要がありますね。

大事なことをほとんど顔が見えない彼らが決めているということに物申して、変えていかなければいけません。一人一人に対して信任できるかどうか投票する、といったことがやれてもいいくらい大きな影響力を持っています。

**前泊**　そうですね。いろんな勉強会に呼ばれて行きますけど、行くところ行くところで「合同委員会って何ですか?」って聞かれる。そのたびに「あれは密約量産装置です」って答えるんです。

**猿田**　本当にそうですね。

**前泊**　密約を量産して、しかもそれがどんな中身かを国会でも議論されないし、大臣すら知らない。

**猿田**　鳩山由紀夫さんが「総理の時にやれば良かった」

と後悔していることのひとつが、合同委員会の問題だと言うんですが、あの時、国民の前に議事録を出すとか、少なくとも国会議員には公開するということをやっていればずいぶん違っていた。

次の政権交代がいつになるかわかりませんけど、ひとつの大きな課題としてぜひやってほしいですね。いや、政権交代がなくてもやってもらわなければ。

**前泊**　この国のしくみをしっかり監視して全体を見ている人が日本にはいない。つまりディレクターはたくさんいるけど、この国にはプロデューサーがいないんです。だからあちこちで不具合を起こしていることも知らない。統計が改竄されていることも知らなければ企業で裏金が作られていることも知らない。

それから基地問題の絡みで言えば、スバル（富士重工）にオスプレイの整備を出したというけれど、なぜスバルなのかということを誰が知っているか。スバルは自衛隊のヘリコプターの整備をしていたんだけれど、だんだんその数が減ってきていて、明らかにその代わりとしての利益誘導でオスプレイの整備がスバルに決まったと、木更津の市民団体から聞かされました。

本当を言えば、この本でもっと追及して欲しかったのは本土の問題なんです。ここで扱っている事例の多くは沖縄の問題なんですけれども、これははっきり言えますが「沖縄問題」をやると本は売れません（笑）。沖縄の事例が多ければ多いほど、それは沖縄問題として矮小化されて「全国の問題」にならないんですよ。

ところがたとえばテレビのモーニングショーで横田ラプコンの問題をやったら日本中から講演依頼の電話が山ほどくるんです。

**猿田**　横田基地にもＮＤの地位協定チームで現地調査に行ってきました。

**前泊**　横田の抱えている基地問題はすごいでしょ？

**猿田**　横田基地でも数多く事件・事故が起きているのに、なぜ同じ東京に住む私たちはまったく知らないのか、それがショックでしたね。

**前泊**　それはただ一言「メディアが報じない」からですよ。

**猿田**　そうですね。改めて、沖縄の琉球新報と沖縄タイムスの二紙の重要性を実感しました。本土の保守派から批判されたりもする二紙ですが、この二紙が何が起きているか細かく伝えるから、私たち本土の人間も基地の周りに住むということがどういうことか知ることができる。

東京にも東京新聞があって、他紙に比べれば頑張っているとは思うんですが、それでも横田基地の問題などは取り扱いが極めて小さいですね。

横田でパラシュート訓練をしていて、そのパラシュートの一部が中学校に落下するという事故がありました。これが琉球新報だったら当然一面トップだと思う事件ですが、東京で読まれている新聞ではその規模はまったく報じられないし、注目もされない。

横田に現地調査に行く前にはいろいろ勉強しなきゃと思って本を探したんですけど、驚くことに横田基地に関する本もあまり出版されていないんです。沖縄では本はたくさん出ているし二つの新聞もどんどん取り上げますが、本土では基地の問題はほとんどネグレクトされています。知らないから反対も盛り上がらない。その結果、「事実上の容認」ということになってしまっている。

**前泊**　やっぱり「沖縄問題」じゃなくて「日本問題」としない限りうねりは作り出せないんですね。「沖縄、たいへんだね」で終わってしまってはダメなんです。三沢も横田も横須賀も厚木も岩国も、佐世保も、日本全国各地の米軍基地で多発している問題を、それぞれ個別の形で、沖縄と同じように考えていかないといけない。

**猿田**　この本、「世界のなかの日米地位協定」としていますが、本当は「日本のなかの日米地位協定」なのかもしれませんね。

**前泊**　そうしないとまた、「沖縄の問題か。自分たちには関係ないから」っていうことになってしまう。

**猿田**　これは最終的には合同委員会の問題にも繋がることだと思いますが、本土では、たとえば横須賀なんかに行くと基地を利用した観光名所になっていて、ネイビーバーガー（海軍バーガー）のお店が何軒もあって、「ここが一番おいしい。並ぶぞ〜」とか、基地のクルーズ・ツアーだったり、毎日がお祭みたいなんですよね。強姦事件とか殺人事件とかが起こっている一方で、いまだ「あこがれのアメリカがそこにある」という雰囲気すら感じる。基地周辺を歩いてみても、そこにはネガティブなイメージっていうのはない。本土では場所により程度の差はあれ、そういうアメリカ信奉というか、アメリカには物言わないという空気が蔓延しています。

たとえば合同委員会のようなものが沖縄で開催されたらみんな怒ってデモが始まるだろうけれど、実際に会議が開催される東京のニュー山王ホテルの前は全くそんな風にはならない。沖縄では「モノっていうのは、やっぱり言っていくもんだね」というところが、東京では「モノ言う人って、ちょっと変じゃないの」という「お上に立てつかず精神」が主流。そういうマインドセットの問題が根本にあるんじゃないかと思いますね。

**前泊**　まさにそのとおりなんですよ。アメリカのリポート、たとえば戦争中に書かれたヒュー・バイアスの『敵国日本』（刀水書房）という本には、はっきりと「日本は国家催眠にかかりやすい」という趣旨のことが書いてある。いまの北朝鮮と一緒かもしれません。つまり中心の人物がいて、「寄らば大樹の陰」で、大樹がないと不安でしょうがないのが日本国民なのではないでしょうか。

**猿田**　戦前・戦時中の「国体」は天皇制、戦後の「国体」はアメリカで、対米従属。白井聡さんがうまく著書『国体論――菊と星条旗』（集英社新書）で表現していますが、本当にその通りですね。

**前泊**　これ、『ミニオンズ』という映画を観たことありますか。あの黄色いバナナのようなアニメーションのキャラクターたちと一緒なんですよ。ミニオンズは常に史上最悪の最強の悪者は誰かを探して、その最強の悪者に付き従って生きていく。そうすれば自分たちに怖いものは近寄ってこないし、強いものにいじめられなくて済みますから。

日本人にとっては、その大樹が「国家」であり、戦前戦中は「天皇」だった。それが、米国に戦争で負けたあとは「寄らば大樹のアメリカ様」になった。天皇陛下のために死ぬことが美徳で、ギリギリまできたところで、「もう私は、神さまではありません。人間です」という昭和天皇の人間宣言で、日本の不敗神話と「神国」「皇国」の催眠術が見事に解けてしまった。その途端に国民は右往左往して、「次は誰に寄ればいいんだろう？　そうだ、アメリカだ！」となった。そんな気がします。

　先ほどのアップジョン賞の話に戻りますが、ミシガン州カラマズーの帰りにロサンゼルス経由でハワイに立ち寄りました。そこで一緒に受賞した福島民友新聞の高橋さんという編集委員と、ワイキキビーチのデッキにあるチェス盤で、高橋さんが持参した「将棋」をやったんです。そうしたら黒山の人だかり。「オー、ジャパニーズ・チェス！」って。だけど高橋さんというのは将棋の解説を新聞に書いているような記者で、とても歯が立たない。そこで「飛車角落ちじゃなくて、飛車角をくれるんならやってもいいよ」と。それで対戦したのですが、将棋では相手の駒をとって、取った駒は、自分の手駒として指せますよね。ところが実際に対戦中に、取った駒を使ったとたん、周りの観衆から「ブー‼」と大ブーイングです。理由を聞くと「これは彼の駒だ」というわけですね。「これ、取ったら俺のもの。使うのも俺の勝手」。そう言い返すと「このジャパニーズルールは、おかしい。これ、取られた駒は捕虜だろう。捕虜を戦力として戦争に使うって、おかしいだろう」って。「捕虜虐待」というわけですね。でも日本ではオッケーなんですね。相手に負けて取られた駒は、負けた相手の駒に早変わり。勝者に従順になる。昨日までの味方が敵に早変わり。これが将棋のルールなんです。欧米のチェスのルールからすると「騎士道に反する」というわけです。チェスは駒の色が違うから、区別できるけど将棋の駒は同じ色と同じ形。日本人は同じ日本の中で戦ってきたから、そんなルールになったのかもしれません。

　将棋と同じで、負けたら勝者の軍門に下り、それまでの味方が敵に早変わりする。だから戦争でアメリカに負けたら、七十年余りもアメリカの軍門に下り、付き従うのは当たり前ということになる。だから将棋は嫌いです。弱いからだけじゃないですよ。（笑）

## 「保守の論理」の破綻

**猿田**　最近時々テレビに出る機会をいただきますが、ひとつそれでいいことは、保守の政治家や有識者と面と向かって議論する機会が増えたことなんです。ふだん国会議員や、ましてや防衛大臣経験者とバチバチ火花を飛ばして議論するなんてことはないじゃないですか。そもそも全く意見が違う人と真正面から議論することって日本では本当に少ない。テレビは、自分の議論を整理するとてもいい機会です。

あるとき、有名な自民党のタカ派の防衛族の国会議員と出演した際に、横田ラプコンの話が出ました。東京上空の管制権をアメリカにもっていかれている、そのことについて、彼はけしていいと思っているわけではない。「ああ、ラプコンが問題だという意識はみな共有しているんだ」とわかったところまではよかった。しかし、それから地位協定の話になって、「これ、保守の政治家の方こそが、ぜひ変えてください。だってこういうものについて、日本独自の政策を自分たちで決められないなんておかしいじゃないですか」と問い詰めていくと、最終的に彼が言ったのは、「私たちはアメリカと対等ではない。アメリカに守ってもらう立場にある。ようやく集団的自衛権の行使が認められて少しましになったけど、まだ足りない。これをもっと拡大してアメリカとの関係が対等になったら改定要求できるんだが」と、そんな考え方なんですね。

「いつ『対等』になると思っているのかなぁ」と思うんです。だってあんな軍事超大国と軍事力で対等になろうなんて目標を掲げることほど馬鹿馬鹿しいことはないじゃないですか。しかも、実際に目指したって、そんなことは全くもって可能でもない。「アメリカと軍事的に対等にならなければ改定要求できない」と言うことは「アメリカに何かを言う日は来ません」と宣言しているのに等しい。

それでいいとする保守は本当に日本のことを思っているのでしょうか。日本の保守がなぜそろいもそろって親米保守になっているのか、まったく理解できない。「愛国心」「愛国心」と言うなら、もっとちゃんとした意味での「愛国心」を持ってもらいたいと思います。

**前泊**　そこがやっぱり「日米安保の呪縛」だと思いますね。実は記者時代、八〇年代後半、運輸省を担当したときに運輸大臣が石原慎太郎さんだったんですよ。彼は沖縄に対して非常に思い入れもあって、沖縄を題材とした『秘祭』という小説もそのころに書いています。彼と議論したときに……。

**猿田**　彼は日本の保守の中では少数派で、基本的には反米保守でしたよね。当時から反米保守でしたか？

**前泊**　そうです。あのときもそうです。で、その反米保守の論理っていうのは非常にわかりやすかったんですよ。でもそれは表に出すと叩かれるんですね。

**猿田**　日米経済摩擦で米国に叩かれ続けていたころですよね。

**前泊**　ちょうどそのときに房総沖で事件が起こったんです。在日米軍が演習中に海上保安庁の巡視船に向けて至近弾を撃ってしまった。

**猿田**　それはひどい。数年前の韓国のレーダー照射どころじゃないですね。

**前泊**　そうです。石原運輸大臣が海上保安庁の担当大臣でもあったんで、「なんだこりゃ」と。どうもそのときの話によると、米海軍は砲撃演習をしていたんだけど、洋上に標的がなかったので遠くに見える巡視船を標的に見立てて砲撃訓練をしたら、思いのほか弾が遠くに飛んでいってしまい巡視船の近くに着弾してしまったという話でした。

そんな事件に石原運輸大臣がなんと言ったか。「これじゃ在日米軍は『番犬』どころか『狂犬』じゃないか」と。「狂犬発言」と言われて大騒ぎになりました。

さすがに狂犬発言に、アメリカから「狂犬ってなんだ、撤回しろ」と抗議されて、石原運輸大臣は、しぶしぶながら撤回しました。しかし石原さんは内々では「番犬は番犬だよね」っていう話を何度もしていました。「狂犬発言」謝罪から二ヶ月くらいしてアメリカ側から「狂犬も問題だが番犬も問題だろう」という話が出てきて、「今ごろになってなんなんだ」という話になったのを覚えています。

いま思えば、石原さんのその「在日米軍＝番犬論」というのは保守の考え方とすれば、それなりに当時は非常に筋が通っていたように思います。在日米軍番犬論があったときはまだ日本の保守にはプライドがあったと思います。

敗戦で占領されて占領軍を日本全国に配備された。ところが、保守の論理は「在日米軍は、おれたちが駐留経費を払ってやって、雇ってやってるんだ」と。「思いやり予算」が膨らんで、「払いすぎじゃないか」との指摘にも「お金？　出せ出せ。安いもんじゃないか。なぜなら、有事の時にはアメリカの若者が血を流して守ってくれるんだよ。日本の若者は血を流さずに済む」という理屈です。

「守衛を雇ってると同じで、お金払ったら守ってくれる」「世界最強の軍隊を雇える」という。これが番犬論の裏に潜むナショナリズムだったと思います。

**猿田**　なるほど。「自分たちの誇りある選択として、アメリカに日本を護らせている」ということですね。

**前泊**　この論理だったら罷《まか》り通る。だから私も妙に納得させられた気がしました。だからこそ反論もするんです。「なるほど、本土の論理はそうかもしれないが、沖縄はそのアメリカに支配されているんだ」と。在日米軍、日本が雇っているというアメリカ軍という日本の番犬に、ウーって脅されて、ガブリと何度も噛みつかれて。

住民が番犬に噛まれた回数は、米兵犯罪のことですが、復帰後（一九七二年～二〇二〇年）だけでも６０００回を超して、そのうち一割にあたる５８２回は殺人、強盗、レイプ、放火という凶悪犯罪。こんな目に遭っているのに、いつまでそんな番犬を飼うつもりなんだ、と沖縄は訴えているわけです。「そもそも沖縄に番犬が多すぎるだろ」と。石原さん風にいうならば「日本にいる１００匹の番犬のうち70匹が、なんで狭い沖縄に集中しているんだよ」という話を今しているわけです。

けれども日本の「保守の論理」でいうと、在日米軍はわれわれの雇っている番犬で、いざとなったら血を流して守ってくれるんだから「思いやり予算もどんどん出せ。訓練もどんどん認めてやれ」ということになる。これが当時は保守の論理として水面下で罷り通っていた。

ところが、それが数年前、石破茂（元防衛庁長官）さんが、テレビ朝日の番組でストレートにこう言ってしまいました。「日米安保があるからといって、有事の際にアメリカが自動的に助けてくれるとは、もう思わない方がいい」と。

この発言は、とっても重要なんです。つまり、日米安保がいつの間にか変質しているんです。番犬だと思っていたら、金だけとられていざとなっても守ってもらえない。そんな状況になっていると石破さんが言っている。元防衛大臣が、そう言い出している。

そしてトランプ政権の時に非常にストレートに出たのが、同盟軽視ですね。軽視どころか韓国に対しては、金出さないんだったら自分たちで守れ、と。日本に対しては、自分たちで守れない国をなんでアメリカがお金を使って守らなければいけないのか、と。

もうバレちゃったんですよ、アメリカに。日本の「保守の論理」が。

**猿田**　でも日本人って、まだ思ってません？　アメリカが必ず守ってくれると。ただ、そのロジックが崩れ始めてきているっていうのはその通りだと思います。また、ロシアのウクライナ侵攻に介入しないアメリカを見て、そう思う人も増えているかもしれません。

昨今、米国が相対的に力を落としていることを実感し始めると自衛隊で米軍の穴を必死で埋めようともしています。二〇二二年末の安保三文書改定も完全にその流れです。日本の基地と自衛隊の存在なくしてこの地域では米軍はプレゼンスを維持できなくなっています。特にバイデン政権になってからは、「同盟重視」と言いながらアメリカは同盟国の力に頼らなければこの地域での覇権を維持できなくなっていて、同盟国頼りの度合いが格段に増えています。

であれば、日本は、本来、米国にもっといろいろと意見を言える立場にあるはずです。だけど一般的には「アメリカが守ってくれるからこそアメリカの言うことを聞かなければならない」、あるいは「アメリカに守ってもらうためには、アメリカに尽くさなければばならない」っていう論理が社会に通底していますよね。

**前泊**　それが変わっていることに気づかないのが怖いんです。まるで「茹で蛙」状態。「茹で蛙」の例えは、カエルを熱湯に入れると熱くて飛び跳ねて逃げ出すけど、水に入れてゆっくりと煮立てていくと気づかずに蛙は茹で上がって死んでいますという話です。「平和ボケ」とか言われたりするけれども、いわば「安保ボケ」してしまっている。日米安保がずっと通用すると信じている。

そう信じた方が幸せなんです。教科書に載っていた『一切れのパン』（ルーマニア人、ムンテヤーヌの短篇）の話みたいに。木切れを「パン」だと信じて、いざとなったら「食べるものはある」と信じていたから、主人公の男は過酷な道のりを生き抜くことができた。日米安保がパンであることを信じているのが「保守の論理」なんです。

**猿田** ただ、世界全体の情勢っていうのは否が応でも動いている。韓国や日本に軍を置いておくことについてアメリカにとってハッピーじゃないという大統領が存在したことも、もしかしたらその人が再び二〇二四年の米大統領選挙で当選するかもしれないのも事実。また、中国がいろんな意味で力をつけてきておりアメリカが力を落としているのも事実なんですね。

変化する情勢に合わせて姿勢を柔軟に変えていかなければなりません。私たち新外交イニシアティブ（ND）は米軍基地の調査の一環で米軍を追い出した国といわれるフィリピンの調査をし、二〇二一年末に書籍『米中の狭間を生き抜く――対米従属に縛られないフィリピンの安全保障とは』を出版したのですが、東南アジアの国々は本当にしたたかに米中の間のバランスをとっていて驚きます。

米国の同盟国や友好国も多く、米国との関係もしっかりと維持しながら、他方、建前じゃなくて中国とちゃんと良い関係をもっていかなくちゃと思ってますよね。その姿勢は、一般市民にまで広まっていて、社会に通底しているのでびっくりします。もちろんアメリカも大事だけど、中国と仲良くしないと生き残っていけないという判断を感覚的に皆もっているんですよね。

さらに、ASEAN（東南アジア諸国連合）としてのつながりも強化して、中小国ながら一つにまとまって米中といった大国からの圧力を巧みに押し返そうとしている。

日本だけがアメリカ様のパンを握りしめていれば安全なんだって思っているうちに、みんなは対応を変えてるわけですね。

**前泊** だから気がついている人たちはいます。石破さんがいう「日米安保の虚像」に対して、「パンじゃない、木切れだ」ということに気づいた人たちは、「本当のパン」を、「本当の安全保障政策」を準備しておかないといけないんです。

台頭する中国に対してどういう安全保障政策を敷くか。ロシアに対してどうするか。それから韓国、北朝鮮、フィリピンなどアジア周辺諸国に限らず、東南アジア、中東情勢に対してもどう対処するか。

アメリカはリサーチをして主要国に対しては、それぞれの国に対する安全保障政策を全部書きあげている。その国の誰がキーパーソンで、五年後、十年後には誰がキーパーソンになっているか。どういう政策を展開してくるか、各国の基本情報をしっかり押さえて、厚みのある安全保障政策を常に準備することを怠らない。

世界中に展開されているアメリカの大使館、総領事館の主な仕事というのはそういう各国のキーパーソンたちを選んで、調査して、抑えていくこと。そしてその要人たちのプロファイルを作る。家族構成から思想、信条、仕事、趣味、人間関係など何から何まで全部調べ上げていく。それで首根っこを全部抑えていくんですね。

日本にもインターナショナル・ヴィジターズ・プログラム（ＩＶＰ）という米国国務省のプログラムがあります。今も続いているかどうかわかりませんが、在日アメリカ大使館、総領事館が人選をして、選ばれると三週間とか一ヶ月、案内役をつけてアメリカ中を手厚く案内してくれます。それぞれの興味のある分野、アメリカの政治、経済、文化、教育、メディア、農業、産業などあらゆる分野の調査研修にこたえてくれます。一言でいえば、いわゆる親米教育プログラムです。

ＩＶＰには将来の日本の総理大臣や国会議員、新聞社の幹部候補などが選ばれています。これまでの招待リスト（同窓会名簿）をみると、アメリカという国の調査力のすごさを思い知らされます。地方議員も含め、教育者、産業界のあらゆるリーダーが若い頃にＩＶＰに招待されています。しかも右から左までバランスよく、幅広く招待リストに入っています。

将来のその国の指導者たちをしっかりと把握して、アメリカの味方にしていく。アメリカという国は、なんというすごい国だろうかとつくづく実感させられます。

逆にいえば、日本もアメリカに対して同じようなことをやればいいんです。でも、それがまったくやれていない。アメリカのキーパーソンたちとどういう関係を結ぶか。それがいわゆる日米グローバルパートナーシップの基本になるはずです。それなのに、アメリカに対してお金はいっぱい出しているにもかかわらず、そのあたりのことが全然やれていないんです。

**猿田**　米国と日本の外交がどのような人の手によって行われているのか、というのはまさに私の専門なのですが、日本がアメリカにどんな人脈を築こうとしているのかという点について申し上げれば、日本政府は、米国の様々な新しい人たちと人脈を作ることを特に望んでいないと思います。やる必要がないと思っている。「今の日米の関係でいい。」というスタンスなので、その維持に有効な人とは関係を深めたいでしょうが、それを変えるような方向での人間関係なんていらない。むしろ「新しい考えを持つ人に入ってこられたら迷惑だ。」ぐらいに思っています。

**前泊**　アメリカ研究をしている日本の研究者の中にも、次のアメリカの国防大臣は誰か、主要閣僚候補はだれかとか、調査研究している人はいます。そういう形の研究をしっかりやって、一部の人間たちだけでなく、さらに国家レベルで情報を共有する必要があります。

アメリカというのは日本にとって最も大事な国なんだから、その国がどういう仕組みで動いているのか。じっくりとしっかりと研究するのは当たり前のことなんです。日本にとって世界中で最も大きな影響力を持つ国ですから。

**猿田**　もちろん米国で国防長官になりそうな人を予想して研究する、といったことは日本でも多くの研究者や政府の役人がやっていますが、アメリカの中で、これまで日米外交に関心を持っていなかった新しいタイプの人と関係を築いていこう、といった意識はまるでない。

私はそこが問題だと思っています。常に、同じ「既存の外交サークル」の中でだけ上手くやっていければいい、というスタンスにある。将来への見方も対処法についてのアイディアもほとんど変わらないその居心地良いサークル内の人たちと日米関係が運転できていれば、アメリカ内の他の大多数を占める、日本に必ずしも関心がない人たち、あるいは、関心があっても考え方の異なる人たちに自らアクセスしようという考えには至らない。むしろ新しい考え方なんて吹き込まれたら困るから、サークルから出ようとはしません。こうして、一部の人たちの手による日米外交ができていくのです。

さっき日本のなかで官僚や政治家の顔がなくて責任の所在が分からなくなっているという話が出ましたが、日本で語られる「アメリカ」なんて全く顔がないですよね。「アメリカ」がこう言ったから従わなくちゃって、そんなことはしょっちゅうですが、その「アメリカ」って誰よ、っていう話です。

こと日米外交なんて、一部の特定の人たちからなる日米外交サークルの中でほとんどのことが決められている。そこには限られた人しかいないので、実際には誰が動いたかは分かりやすいにもかかわらず。


**前泊**　そうですね。でも日本でも同じです。安倍さんと菅さん岸田さんを知っていればもういい。あとは「政府が」とか「官邸が」とか、顔のない話になってしまう。

たとえば新聞社にだって、特定分野の重要テーマを担う記者を次の次の世代までしっかりと育てるとか、次の次の世代まで経営者候補をしっかりと育てていくという人事戦略があるでしょう。それに相応しいキャリアパスを考える。沖縄の県政にしても、次の知事は誰か、その次の次、たとえば二十年後、いや十年後ぐらいには元山仁士郎くん（二〇一九年に県民投票を主宰した当時二十代の大学院生）あたりが出てくるだろうとか。十年後、二十年後、三十年後、四十年後を見据えた人材育成プログラムは大切です。

では、この国にそのかたちはあるのか。国を作っていくにはそういうキーパーソン、大事にする人たちをしっかりと将来を見据えて育てていくシステムを作らなくてはいけない。

**猿田**　前泊さんがおっしゃる意味での日本の組織での教育制度というのは、いい形であれば賛成ですけれど、今は上にいる人が必ずしも最適かというとそうでもない。ワシントンにいるとよくわかりますが、日本では、政府においてもメディアにおいても、いま上に上がっていく人というのは、今の「国体」を護持していくという価値観を持った人が多いですよね。各社に選りすぐられてワシントンに派遣される記者たちはそもそもエリート路線の中心を行く人たちで、日米関係の現状について批判精神を強く持っている人は少ない。

**前泊**　確かにアメリカに行けばアメリカナイズされて

しまう。ミイラ取りがミイラになる危険性もあります。それでも、アメリカに派遣されて、アメリカを知る機会を与えられた人たちが、この問題についてどう意識的になるかです。敵を知り、味方を知り、同盟国の本音や戦略、戦術を分析し、理解して、堅固な人脈、ネットワークをしっかりと構築していく。本当にそうしない限り変わっていかない。アメリカの弱点も含めてしっかり学んでくることが大事です。

## 地位協定が試金石

**前泊**　話は変わりますが、山崎豊子さんの『運命の人』。あの第4巻に僕が出てきます。一九九五年の少女暴行事件の絡みですが、小説に初めて書かれて、書かれる怖さを実感しました。いろいろと思い出深いことでもありました。もちろん名前は変えられていて、僕は「親泊」、大田昌秀県知事は「多田県知事」、上原康助衆院議員は「上之原議員」、当時の防衛庁の江間清二官房長が「江戸官房長」という名前で出てきます。

その頃の僕はだいたい月に一度のペースで東京に来て防衛庁と外務省を回っていたんですが、ちょうど少女暴行事件が起きた日に、「琉球新聞の親泊記者」は六本木のトンカツ屋で江戸官房長と昼飯を食べていた（笑）。そこで江戸官房長に言われるんです。「あれ、なんとかしてくれよ」「あれってなんですか?」「代理署名の件。ここでなんとかしないと大変なことになる」と。

その頃は例の代理署名（軍用地の借地契約を拒む地主に代わって、知事が使用手続きを進める機関委任事務）大田県知事が拒んでいて、政府と沖縄県はすこぶる揉めていたんですね。

ちょうどそのタイミングで九五年九月にアメリカ兵3人による少女暴行事件が起こった。沖縄は大変な騒ぎです。そして当然のことながら、大田知事は相当に怒っている。

「ここまで怒ったら、大田はもう絶対オッケーしないよ」と僕は言ったんです。「前ちゃん、なんとかならないか。なんとかしてくれよ」と。そこで僕が言ったのは、「最低でも普天間を返せ。そこまでもっていかないと、大田は説得できないよ」と。

なぜなら大田さんは普天間にはものすごくこだわっていた。なにしろ彼は、琉球大学の教授だったころ普天間基地に近い宜野湾市の嘉数の高台に住んでいたことがあって、普天間基地から発着するヘリコプターや飛行機の爆音に腹を立てていた。あまりのうるささに庭に出て、石を拾って上空を飛んでいる米軍機のパイロットに向けて投げつけたという逸話があるくらいです。だから普天間基地返還にはものすごい執念をもっていた。

「普天間基地を返すくらいでないとダメだ」と。「前ちゃん、それちょっとハードル高すぎるよ」「いや、そういう発想だったら無理だと思うな」なんていうやりとりがあった。

でもそんなときでも外務省はまったく他人事なんですよ。江間官房長と昼食のあとその日に夕食で会った外務省北米局の幹部はアメリカ兵による小学六年生へのレイプ事件の話を伝えても「まあ、大変だよねえ」ぐらいいな。

そのときの外務大臣が河野洋平氏なんです。河野外相は、大田知事が外務省に行って抗議して「少女暴行事件が起きても、犯人の身柄すら取れない。地位協定第十七条の問題を、なんとかしてくれ」「地位協定を改定してほしい」と言ったとき、河野外相は、彼は何と応えたかというと、「少女暴行事件くらいで地位協定改定というのは、議論が走りすぎている」と。

それが大田さんの怒りに決定的に火をつけたんです。「ふざけるな。代理署名の要請はもう絶対受けない。米軍基地の再契約には絶対に応じない」と。

**猿田**　なるほど。自民党の中の良心ともいえるハト派の河野洋平さんですらそうだったというのが悲しいところですね。

**前泊**　その息子の河野太郎前外相のもっとひどいところは、彼は二〇〇四年に、現在の防衛大臣の岩屋毅氏などと一緒に超党派として地位協定の改定案を作ったんです。それをアメリカにもっていって一蹴されて、もう赤っ恥をかくのはいやだと引っ込めちゃったんですね。

いまこそ、外務大臣、防衛大臣になったりしているんですから、地位協定改定問題についてしっかりと挑んでほしいと思うんですが、あえて火中の栗を拾うのがいやなのか、二人とも過去に取り組んだ話などおくびにも出さない。
この国には掟があって、難しい問題は先送りにするんです。そしてそれでも解決できないときは、その問題自体をなかったことにしてしまうんです。
これは大学入試のセンター試験と同じ。できる問題から解いていって、難しい問題や時間がかかりそうな厄介な問題は後回し。時間がきたらその問題をなかったことにして解答欄は空欄のままで出す。そうやって難問を先送りできた人たちが入試や入社、公務員試験に勝ち残って、政治家や官僚、この国の支配層になっていく。そしてその解決できない問題の典型が「日米地位協定」改定問題なんです。

**猿田**　そうですね。政治家としては得点にならないと考えているんでしょうね。
でも繰り返しになりますが、ドイツとかイタリアでも変えてきているのに、なぜ日本だけができないんだろう。さっきのマインドセットの問題でしょうか。

**前泊**　いや、答えはシンプルで、国民に主権者意識がないからですよ。国民の無知と無関心が問題解決を遅らせ、放置している。

**猿田**　本当に、そこに尽きますね。それなりに生活できていてそこそこ幸福だったら、他人がどうあろうと主権なんていらないし、アメリカ様に決めてもらってうまく行っているんならそれで構わないという……。

**前泊**　再び癌のたとえを使うと、私が医学記事賞を受賞した八四、八五年頃には癌は告知しないのが主流だった。それは治らないという前提があって、告知したらメンタル（精神）的にダメージを受けてしまう。死生観を超越し、悟りを開いていたとされていた高名なお坊さんですら、癌の告知には耐えられず、自殺してしまったという話もありました。
ところがいまは癌は告知するのが当たり前でしょ？あらゆる技術が進歩し、癌は早めに見つけて治療すれば治るものになった。もしダメでもターミナルケアの態勢がしっかり整っている。何より告知した方が治療効果も上がるというデータがあるんですから。
地位協定もそうなんです。こういう時代になって、いろいろな処方箋もあるのに、告知しない方がいいと言っているに等しい。「由らしむべし知らしむべからず」というか、不都合な事実や真実は知らない方が楽で幸せに過ごせるじゃないかという国民性のようなものがある。

**猿田**　トランプ政権の時、うまくすればいままでの日米関係を大きく変える転機だったのに、結局誰もそれを言い出さなかった。日本側が、現状を変える動きを絶対に許さない。

バイデン政権になった今も、アメリカは内政もボロボロだし、国際的にも力を落としている。でも日本は米国の力を補い、この地域にお願いだからいてくれと頼み込み、そして、自らクワッドやらFOIP（「自由で開かれたインド太平洋」構想）やらを立ち上げてなんとか現在のこの地域のステータスクオである対立構造を留めようと四苦八苦している。そこに、現在の安保体制で苦しんでいる人々への配慮は一切ない。

**前泊**　けれどもそれでいいのか。日本列島を不沈空母にすると言ったのは一九八〇年代に中曽根康弘さんが首相だったころでした。四十年たった二〇二二年のいまはその不沈空母化がさらに進んでいる。

列島防衛線という議論もありました。第一列島線が日本列島から南西諸島までであり、第二列島線が九州からグアム・サイパン・テニアンのマリアナ諸島まで延びていて、そして第三列島線というのはもうハワイのラインなんですよ。列島防衛線の論理でいくと、第一列島防衛線が突破された段階で日本にとって必要のない防衛ラインになる。それなのに、第二列島防衛線の話を懸命にやっている。

第二、第三列島防衛線の議論って必要なのか。森本敏・元防衛大臣にテレビで対談したとき、そのことを率直に訊ねてみたんです。そしたら「えっ？」ってキョトンとした顔をしてた。そもそもこの防衛線というのは、ＮＡＴＯとアメリカの防衛ラインとして出てきた事なんです。なんでそれを日本が議論しなくちゃならないのか。

こういうアメリカを中心とした防衛ラインのなかに日本が組み込まれていて、日本を守るというそもそもの防衛論を超えちゃっている。二〇〇〇年以降、列島線は中国が太平洋に出るための突破ラインとして論議されたりしています。そして、その列島線の突破ラインを守るために、九州の宮崎、鹿児島に始まる馬毛島、奄美、沖縄本島、宮古島、石垣島、与那国島の南西諸島を第一列島線とする自衛隊のミサイル部隊配備が強行に進められています。

**猿田**　二〇二二年末に閣議決定された安保三文書の改定も「アメリカの世界戦略のなかの日本」という位置付けになっています。

先ほども述べたとおり米国はこの地域で急速に力を落としており、同盟国、特に「米国陣営」の雄である日本の力を借りて中国との対立関係をなんとかしたいと考えている。

米国には単独で日本を守る力がなくなり、むしろこの地域にプレゼンスを持ち続ける力も怪しくなっている。しかし、日本は米国がこの地域の覇権を維持できるよう自衛隊を差し出し、武器を米国から買い続けてアメリカを支えている。

この現実にもかかわらず、日本社会では日本はアメリカに守られていて、日米同盟の主眼はそこにあると信じている人がまだ主流です。

その実態に、もっと私たち日本人は気づいていかなければいけない。これだけ武器を買わされても、いざとなってもアメリカは守ってくれないかもしれないいんだよ、と声を上げて行かなくちゃいけないと思うんです。

**前泊**　そうですね。それと、今に代わる選択肢を作らなくちゃいけない。いわば別の受け皿をどう作るか。それはまさしく新しい安保政策を考えていくことなんです。

それはアメリカのみならず、いろんな国に対して。僕はよく「docomo じゃなくて au を作ろう」というんです。AU、すなわちEUに匹敵するような「アジアン・ユニオン」を、です。

**猿田**　あら、それ、AUって、アフリカン・ユニオン（African Union=AU）でもう使われてますよね。

**前泊**　しまった（笑）。そうなの？　ずっと使っていたのに。とにかくAUを作ることによって、アジアにおいて、アジア人の血をアジア人によって一滴たりとも流さないという「血の誓い」をつくる。そしてアジアの繁栄のために皆が協力をしていく。それは軍事的なものをまったく排除する形で。そういうルールを決めてAUを作ることによって域内における軍事費の削減ができる。そういう新しい枠組みを考えていくなかでしか、日米安保一本槍の対米依存体制から抜け出すことはできないんですね。ただ地位協定改定の話だけしても、そのことと同時に議論しないとダメなんです。

単純に地位協定問題の解決のみのことで言えば、話はもっと簡単。とにかく「ペナルティを科せ」というんです。約束を破ったり、協定に違反したり、事件・事故を起こしたら、それに見合うペナルティを科す。重大な米軍機事故や人身事故、殺人など凶悪事件を犯したら、一ヶ月、一年の飛行停止処分、基地外への外出禁止処分などを科す。当たり前のことですが、これがいまできていない。

ようするにシートベルトと同じで、警告だけだとだれも締めなかったのが、罰金というペナルティを科した途端にみんなシートベルトを締めるようになった。

**猿田**　悲しいかな、日米を問わずそれが人間の性なんですかね。

**前泊**　地位協定の最大の弱点はそこです。アメリカ軍の原子力潜水艦が放射能漏れを起こし日本の港湾に寄港しても、そのことがアメリカ側から知らされるのは事故から十年も経ったあと。

放射能漏れを起こした原子力潜水艦の事件を、十年もあとにアメリカから知らされた日本政府は「誠に遺憾である。今後は再発防止を徹底してほしい」と要請するだけです。米軍ヘリやオスプレイが墜落しても「誠に遺憾である、再発防止を徹底してほしい」の一点張りです。

で、またアメリカ軍が航空機やヘリコプターなど整備不良や運用ミス、管理ミス、訓練ミスなどで墜落や不時着、炎上事故などを起こす。これに対して日本側は再発防止のためにもアメリカ軍が事件や事故を起こすたびに「ペナルティ」を科していく。そうするとまじめに対処するようになる。罰則なき規則は無力です。機能しないし、なめられてしまいます。在日アメリカ軍の違法・犯罪行為や事故について、日本の航空法や刑法、民法など国内法を地位協定で免法や適用除外していています。これが、罰則なき規則は無力という地位協定問題の本質にあります。

**猿田**　これも改めてですけれども、日本政府が「これを科したい」とアメリカに言えるようにならないといけないですよね。日本政府の官僚たちにそんな気持ちはこれっぽっちもないでしょうから、彼らにそれをアメリカに対して言わせるような気持ちにさせないといけない。

**前泊**　法治国家というのは残念だけどそういうことでしか抑止できないんです。ルールを決める、決めたルールを守られないときには厳罰に処すという、少なくともそこが地位協定の最低ラインだと思いますね。他国軍隊といえども国内に駐留する軍隊には、国内法を基本とする。ＮＡＴＯ諸国では当たり前の「領域主権論」を日本も採用すべきです。

「他国軍隊には国内法は適用できない」という日本の外務省の立場は、アメリカですらもはや否定している古い「旗国法原理」によるものです。国際社会では軍隊といえども「郷に入りては郷に従う（When in Rome, do as the Romans do.）」が常識になっています。

敗戦で失った主権を取り戻せるかどうか。地位協定問題は、この国が主権を取り戻せるかどうかの試金石だと思っています。

（二〇二一年六月脱稿）

巻末資料

# 日米地位協定　条文

## 日米地位協定

（日本国とアメリカ合衆国との間の相互協力及び安全保障条約第六条に基づく施設及び区域並びに日本国における合衆国軍隊の地位に関する協定）

日本国及びアメリカ合衆国は、千九百六十年一月十九日にワシントンで署名された日本国とアメリカ合衆国との間の相互協力及び安全保障条約第六条の規定に従い、次に掲げる条項によりこの協定を締結した。

**第一条**

この協定において、

（a）「合衆国軍隊の構成員」とは、日本国の領域にある間におけるアメリカ合衆国の陸軍、海軍又は空軍に属する人員で現に服役中のものをいう。

（b）「軍属」とは、合衆国の国籍を有する文民で日本国にある合衆国軍隊に雇用され、これに勤務し、又はこれに随伴するもの（通常日本国に居住する者及び第十四条1に掲げる者を除く。）をいう。この協定のみの適用上、合衆国及び日本国の二重国籍者で合衆国が日本国に入れたものは、合衆国国民とみなす。

（c）「家族」とは、次のものをいう。

（1）配偶者及び二十一才未満の子

（2）父、母及び二十一才以上の子で、その生計費の半額以上を合衆国軍隊の構成員又は軍属に依存するもの

**第二条**

1 （a）合衆国は、相互協力及び安全保障条約第六条の規定に基づき、日本国内の施設及び区域の使用を許される。個個の施設及び区域に関する協定は、第二十五条に定める合同委員会を通じて両政府が締結しなければならない。「施設及び区域」には、当該施設及び区域の運営に必要な現存の設備、備品及び定着物を含む。

（b）合衆国が日本国とアメリカ合衆国との間の安全保障条約第三条に基く行政協定の終了の時に使用している施設及び区域は、両政府が（a）の規定に従って合意した施設及び区域とみなす。

2 日本国政府及び合衆国政府は、いずれか一方の要請があるときは、前記の取決めを再検討しなければならず、ま

た、前記の施設及び区域を日本国に返還すべきこと又は新たに施設及び区域を提供することを合意することができる。

3　合衆国軍隊が使用する施設及び区域は、この協定の目的のため必要でなくなったときは、いつでも、日本国に返還しなければならない。合衆国は、施設及び区域の必要性を前記の返還を目的としてたえず検討することに同意する。

4（a）合衆国軍隊が施設及び区域を一時的に使用していないときは、日本国政府は、臨時にそのような施設及び区域をみずから使用し、又は日本国民に使用させることができる。ただし、この使用が、合衆国軍隊による当該施設及び区域の正規の使用の目的にとって有害でないことが合同委員会を通じて両政府間に合意された場合に限る。

（b）合衆国軍隊が一定の期間を限って使用すべき施設及び区域に関しては、合同委員会は、当該施設及び区域に関する協定中に、適用があるこの協定の規定の範囲を明記しなければならない。

**第三条**

1　合衆国は、施設及び区域において、それらの設定、運営、警護及び管理のため必要なすべての措置を執ることができる。日本国政府は、施設及び区域の支持、警護及び管理のための合衆国軍隊の施設及び区域への出入の便を図るため、合衆国軍隊の要請があったときは、合同委員会を通ずる両政府間の協議の上で、それらの施設及び区域に隣接し又はそれらの近傍の土地、領水及び空間において、関係法令の範囲内で必要な措置を執るものとする。合衆国も、また、合同委員会を通ずる両政府間の協議の上で前記の目的のため必要な措置を執ることができる。

2　合衆国は、1に定める措置を、日本国の領域への、領域から又は領域内の航海、航空、通信又は陸上交通を不必要に妨げるような方法によっては執らないことに同意する。合衆国が使用する電波放射の措置が用いる周波数、電力及びこれらに類する事項に関するすべての問題は、両政府の当局間の取決めにより解決しなければならない。日本国政府は、合衆国軍隊が必要とする電気通信用電子装置に対する妨害を防止し又は除去するためのすべての合理的な措置を関係法令の範囲内で執るものとする。

3　合衆国軍隊が使用している施設及び区域における作業は、公共の安全に妥当な考慮を払って行なわなければならない。

**第四条**

1　合衆国は、この協定の終了の際又はその前に日本国に施設及び区域を返還するに当たって、当該施設及び区域をそれらが合衆国軍隊に提供された時の状態に回復し、又はその回復の代りに日本国に補償する義務を負わない。

2　日本国は、この協定の終了の際又はその前における施設及び区域の返還の際、当該施設及び区域に加えられている改良又はそこに残される建物若しくはその他の工作物について、合衆国にいかなる補償をする義務も負わない。

3　前記の規定は、合衆国政府が日本国政府との特別取決めに基づいて行なう建設には適用しない。

**第五条**

1　合衆国及び合衆国以外の国の船舶及び航空機で、合衆国によって、合衆国のために又は合衆国の管理の下に公の目的で運航されるものは、入港料又は着陸料を課されないで日本国の港又は飛行場に出入することができる。この協定による免除を与えられない貨物又は旅客がそれらの船舶又は航空機で運送されるときは、日本国の当局にその旨の通告を与えなければならず、その貨物又は旅客の日本国への入国及び同国からの出国は、日本国の法令による。

2　1に掲げる船舶及び航空機、合衆国政府所有の車両（機甲車両を含む。）並びに合衆国軍隊の構成員及び軍属並びにそれらの家族は、合衆国軍隊が使用している施設及び区域に出入し、これらのものの間を移動し、及びこれらのものと日本国の港又は飛行場との間を移動することができる。合衆国の軍用車両の施設及び区域への出入並びにこれらのものの間の移動には、道路使用料その他の課徴金を課さない。

3　1に掲げる船舶が日本国の港に入る場合には、通常の状態においては、日本国の当局に適当な通告をしなければならない。その船舶は、強制水先を免除される。もっとも、水先人を使用したときは、応当する料率で水先料を払わなければならない。

**第六条**

1　すべての非軍用及び軍用の航空交通管理及び通信の体系は、緊密に協調して発達を図るものとし、かつ、集団安全保障の利益を達成するため必要な程度に整合するものとする。この協調及び整合を図るため必要な手続及びそれに対するその後の変更は、両政府の当局間の取決めによって定める。

2　合衆国軍隊が使用している施設及び区域並びにそれらに隣接し又はそれらの近傍の領水に置かれ、又は設置される燈火その他の航行補助施設及び航空保安施設は、日本国で使用されている様式に合致しなければならない。これらの施設を設置した日本国及び合衆国の当局は、その位置及び特徴を相互に通告しなければならず、かつ、それらの施設を変更し、又は新たに設置する前に予告をしなければならない。

**第七条**
合衆国軍隊は、日本国政府の各省その他の機関に当該時に適用されている条件よりも不利でない条件で、日本国政府が有し、管理し、又は規制するすべての公益事業及び公共の役務を利用することができ、並びにその利用における優先権を享有するものとする。

**第八条**
日本国政府は、両政府の当局間の取決めに従い、次の気象業務を合衆国軍隊に提供することを約束する。
（a）地上及び海上からの気象観測（気象観測船からの観測を含む。）
（b）気象資料（気象庁の定期的概報及び過去の資料を含む。）
（c）航空機の安全かつ正確な運航のため必要な気象情報を報ずる電気通信業務
（d）地震観測の資料（地震から生ずる津波の予想される程度及びその津波の影響を受ける区域の予報を含む。）

**第九条**
1　この条の規定に従うことを条件として、合衆国は、合衆国軍隊の構成員及び軍属並びにそれらの家族である者を日本国に入れることができる。
2　合衆国軍隊の構成員は、旅券及び査証に関する日本国の法令の適用から除外される。合衆国軍隊の構成員及び軍属並びにそれらの家族は、外国人の登録及び管理に関する日本国の法令の適用から除外される。ただし、日本国の領域における永久的な居所又は住所を要求する権利を取得するものとみなされない。
3　合衆国軍隊の構成員は、日本国への入国又は日本国からの出国に当たって、次の文書を携帯しなければならない。
（a）氏名、生年月日、階級及び番号、軍の区分並びに写真を掲げる身分証明書
（b）その個人又は集団が合衆国軍隊の構成員として有する地位及び命令された旅行の証明となる個別的又は集団的旅行の命令書
合衆国軍隊の構成員は、日本国にある間の身分証明のため、前記の身分証明書を携帯していなければならない。身分証明書は、要請があるときは日本国の当局に提示しなければならない。
4　軍属、その家族及び合衆国軍隊の構成員の家族は、合

衆国の当局が発給した適当な文書を携帯し、日本国への入国若しくは日本国からの出国に当たって又は日本国にある間のその身分を日本国の当局が確認することができるようにしなければならない。

5　1の規定に基づいて日本国に入国した者の身分に変更があってその者がそのような入国の資格を有しなくなった場合には、合衆国の当局は、日本国の当局にその旨を通告するものとし、また、その者が日本国から退去することを日本国の当局によって要求されたときは、日本国政府の負担によらないで相当の期間内に日本国から輸送することを確保しなければならない。

6　日本国政府が合衆国軍隊の構成員若しくは軍属の日本国の領域からの送出を要請し、又は合衆国軍隊の旧構成員若しくは旧軍属に対し若しくは合衆国軍隊の構成員、軍属、旧構成員若しくは旧軍属の家族に対し退去命令を出したときは、合衆国の当局は、それらの者を自国の領域内に受け入れ、その他日本国外に送出することにつき責任を負う。この項の規定は、日本国民でない者で合衆国軍隊の構成員若しくは軍属として又は合衆国軍隊の構成員若しくは軍属となるために日本国に入国したもの及びそれらの者の家族に対してのみ適用する。

## 第十条

1　日本国は、合衆国が合衆国軍隊の構成員及び軍属並びにそれらの家族に対して発給した運転許可証若しくは運転免許証又は軍の運転許可証を、運転者試験又は手数料を課さないで、有効なものとして承認する。

2　合衆国軍隊及び軍属用の公用車両は、それを容易に識別させる明確な番号標又は個別の記号を付けていなければならない。

3　合衆国軍隊の構成員及び軍属並びにそれらの家族の私有車両は、日本国民に適用される条件と同一の条件で取得する日本国の登録番号標を付けていなければならない。

## 第十一条

1　合衆国軍隊の構成員及び軍属並びにそれらの家族は、この協定中に規定がある場合を除くほか、日本国の税関当局が執行する法令に服さなければならない。

2　合衆国軍隊、合衆国軍隊の公認調達機関又は第十五条に定める諸機関が合衆国軍隊の公用のため又は合衆国軍隊の構成員及び軍属並びにそれらの家族の使用のため輸入するすべての資材、需品及び備品並びに合衆国軍隊が専用すべき資材、需品及び備品又は合衆国軍隊が使用する物品若しくは施設に最終的には合体されるべき資材、需品及び備品は、日本国に入れることを許される。この輸入には、関税その他の課徴金を課さない。前記の資材、需品及び備品は、合衆国軍隊、合衆国軍隊の公認調達機関又は第十五条に定める諸機関が輸入するものである旨の適当な証明書（合衆国軍隊が専用すべき資材、需品及び備品又は合衆国軍隊が使用する物品若しくは施設に最終的には合体されるべき資材、需品及び備品にあっては、合衆国軍隊が前記の目的のために受領すべき旨の適当な証明書）を必要とする。

3　合衆国軍隊の構成員及び軍属並びにそれらの家族に仕向けられ、かつ、これらの者の私用に供される財産には、関税その他の課徴金を課する。ただし、次のものについては、関税その他の課徴金を課さない。

（a）合衆国軍隊の構成員若しくは軍属が日本国で勤務するため最初に到着した時に輸入し、又はそれらの家族が当該合衆国軍隊の構成員若しくは軍属と同居するため最初に到着した時に輸入するこれらの者の私用のための家具及び家庭用品並びにこれらの者が入国の際持ち込む私用のための身回品

（b）合衆国軍隊の構成員又は軍属が自己又はその家族の私用のため輸入する車両及び部品

（c）合衆国軍隊の構成員及び軍属並びにそれらの家族の私用のため合衆国において通常日常用として購入される種類の合理的な数量の衣類及び家庭用品で、合衆国軍事郵便局を通じて日本国に輸送されるもの

4　2及び3で与える免除は、物の輸入の場合のみに適用するものとし、関税及び内国消費税がすでに徴収された物を購入する場合に、当該物の輸入の際関税当局が徴収したその関税及び内国消費税を払いもどすものと解してはならない。

5　税関検査は、次のものの場合には行なわないものとする。

（a）命令により日本国に入国し、又は日本国から出国する合衆国軍隊の部隊

（b）公用の封印がある公文書及び合衆国軍事郵便路線上にある公用郵便物

（c）合衆国政府の船荷証券により船積みされる軍事貨物

6　関税の免除を受けて日本国に輸入された物は、日本国及び合衆国の当局が相互間で合意する条件に従って処分を認める場合を除くほか、関税の免除を受けて当該物を輸入する権利を有しない者に対して日本国内で処分してはならない。

7　2及び3の規定に基づき関税その他の課徴金の免除を受けて日本国に輸入された物は、関税その他の課徴金の免除を受けて再輸出することができる。

8　合衆国軍隊は、日本国の当局と協力して、この条の規

定に従って合衆国軍隊、合衆国軍隊の構成員及び軍属並びにそれらの家族に与えられる特権の濫用を防止するため必要な措置を執らなければならない。

9（a）日本国の当局及び合衆国軍隊は、日本国政府の税関当局が執行する法令に違反する行為を防止するため、調査の実施及び証拠の収集について相互に援助しなければならない。

（b）合衆国軍隊は、日本国政府の税関当局によって又はこれに代わって行なわれる差押えを受けるべき物件がその税関当局に引き渡されることを確保するため、可能なすべての援助を与えなければならない。

（c）合衆国軍隊は、合衆国軍隊の構成員若しくは軍属又はそれらの家族が納付すべき関税、租税及び罰金の納付を確保するため、可能なすべての援助を与えなければならない。

（d）合衆国軍隊に属する車両及び物件で、日本国政府の関税又は財務に関する法令に違反する行為に関連して日本国政府の税関当局が差し押えたものは、関係部隊の当局に引き渡さなければならない。

**第十二条**

1　合衆国は、この協定の目的のため又はこの協定で認められることにより日本国で供給されるべき需品又は行なわれるべき工事のため、供給者又は工事を行なう者の選択に関して制限を受けないで契約することができる。そのような需品又は工事は、また、両政府の当局間で合意されるときは、日本国政府を通じて調達することができる。

2　現地で供給される合衆国軍隊の維持のため必要な資材、需品、備品、及び役務でその調達が日本国の経済に不利な影響を及ぼすおそれがあるものは、日本国の権限のある当局との調整の下に、また、望ましいときは日本国の権限のある当局を通じて又はその援助を得て、調達しなければならない。

3　合衆国軍隊又は合衆国軍隊の公認調達機関が適当な証明書を附して日本国で公用のため調達する資材、需品、備品及び役務は、日本の次の租税を免除される。

（a）物品税

（b）通行税

（c）揮発油税

（d）電気ガス税

最終的には合衆国軍隊が使用するため調達される資材、需品、備品及び役務は、合衆国軍隊の適当な証明書があれば、物品税及び揮発油税を免除される。両政府は、この条に明示していない日本の現在の又は将来の租税で、合衆国軍隊によって調達され、又は最終的には合衆国軍隊が使用するため調達される資材、需品、備品及び役務の購入価格の重要なかつ容易に判別することができる部分をなすと認められるものに関しては、この条の目的に合致する免税又は税の軽減を認めるための手続について合意するものとする。

4　現地の労務に対する合衆国軍隊及び第十五条に定める諸機関の需要は、日本国の当局の援助を得て充足される。

5　所得税、地方住民税及び社会保障のための納付金を源泉徴収して納付するための義務並びに、相互間で別段の合意をする場合を除くほか、賃金及び諸手当に関する条件その他の雇用及び労働の条件、労働者の保護のための条件並びに労働関係に関する労働者の権利は、日本国の法令で定めるところによらなければならない。

6　合衆国軍隊又は、適当な場合には、第十五条に定める機関により労働者が解職され、かつ、雇用契約が終了していない旨の日本国の裁判所又は労働委員会の決定が最終的のものとなつた場合には、次の手続が適用される。

(a)　日本国政府は、合衆国軍隊又は前記の機関に対し、裁判所又は労働委員会の決定を通報する。

(b)　合衆国軍隊又は前記の機関が当該労働者を就労させることを希望しないときは、合衆国軍隊又は前記の機関は、日本国政府から裁判所又は労働委員会の決定について通報を受けた後七日以内に、その旨を日本国政府に通告しなければならず、暫定的にその労働者を就労させないことができる。

(c)　前記の通告が行なわれたときは、日本国政府及び合衆国軍隊又は前記の機関は、事件の実際的な解決方法を見出すため遅滞なく協議しなければならない。

(d)　(c)の規定に基づく協議の開始の日から三十日の期間内にそのような解決に到達しなかつたときは、当該労働者は、就労することができない。このような場合には合衆国政府は、日本国政府に対し、両政府間で合意される期間の当該労働者の雇用の費用に等しい額を支払わなければならない。

7　軍属は、雇用の条件に関して日本国の法令に服さない。

8　合衆国軍隊の構成員及び軍属並びにそれらの家族は、日本国における物品及び役務の個人的購入について日本国の法令に基づいて課される租税又は類似の公課の免除をこの条の規定を理由として享有することはない。

9　3に掲げる租税の免除を受けて日本国で購入した物は、日本国及び合衆国の当局が相互間で合意する条件に従つて処分を認める場合を除くほか、当該租税の免除を受けて当該物を購入する権利を有しない者に対して日本国内で処分してはならない。

## 第十三条

1　合衆国軍隊は、合衆国軍隊が日本国において保有し、使用し、又は移転する財産について租税又は類似の公課を課されない。

2　合衆国軍隊の構成員及び軍属並びにそれらの家族は、これらの者が合衆国軍隊に勤務し、又は合衆国軍隊若しくは第十五条に定める諸機関に雇用された結果受ける所得について、日本国政府又は日本国にあるその他の課税権者に日本の租税を納付する義務を負わない。この条の規定は、これらの者に対し、日本国の源泉から生ずる所得についての日本の租税の納付を免除するものではなく、また、合衆国の所得税のために日本国に居所を有することを申し立てる合衆国市民に対し、所得についての日本の租税の納付を免除するものではない。これらの者が合衆国軍隊の構成員若しくは軍属又はそれらの家族であるという理由のみによって日本国にある期間は、日本の租税の賦課上、日本国に居所又は住所を有する期間とは認めない。

3　合衆国軍隊の構成員及び軍属並びにそれらの家族は、これらの者が一時的に日本国にあることのみに基づいて日本国に所在する有体又は無体の動産の保有、使用、これらの者相互間の移転又は死亡による移転についての日本国における租税を免除される。ただし、この免除は、投資若しくは事業を行なうため日本国において保有される財産又は日本国において登録された無体財産権には適用しない。この条の規定は、私有車両による道路の使用について納付すべき租税の免除を与える義務を定めるものではない。

**第十四条**

1　通常合衆国に居住する人（合衆国の法律に基づいて組織された法人を含む。）及びその被用者で、合衆国軍隊のための合衆国との契約の履行のみを目的として日本国にあり、かつ、合衆国政府が2の規定に従い指定するものは、この条に規定がある場合を除くほか、日本国の法令に服さなければならない。

2　1にいう指定は、日本国政府との協議の上で行なわれるものとし、かつ、安全上の考慮、関係業者の技術上の適格要件、合衆国の標準に合致する資材若しくは役務の欠如又は合衆国の法令上の制限のため競争入札を実施することができない場合に限り行なわれるものとする。

前記の指定は、次のいずれかの場合には、合衆国政府が取り消すものとする。

（a）合衆国軍隊のための合衆国との契約の履行が終わったとき。

（b）それらの者が日本国において合衆国軍隊関係の事業活動以外の事業活動に従事していることが立証されたとき。

（c）それらの者が日本国で違法とされる活動を行なっているとき。

3　前記の人及びその被用者は、その身分に関する合衆国の当局の証明があるときは、この協定による次の利益を与えられる。

（a）第五条2に定める出入及び移動の権利

（b）第九条の規定による日本国への入国

（c）合衆国軍隊の構成員及び軍属並びにそれらの家族について第十一条3に定める関税その他の課徴金の免除

（d）合衆国政府により認められたときは、第十五条に定める諸機関の役務を利用する権利

（e）合衆国軍隊の構成員及び軍属並びにそれらの家族について第十九条2に定めるもの

（f）合衆国政府により認められたときは、第二十条に定めるところにより軍票を使用する権利

（g）第二十一条に定める郵便施設の利用

（h）雇用の条件に関する日本国の法令の適用からの除外

4　前記の人及びその被用者は、その身分の者であることが旅券に記載されていなければならず、その到着、出発及び日本国にある間の居所は、合衆国軍隊が日本国の当局に随時に通告しなければならない。

5　前記の人及びその被用者が1に掲げる契約の履行のためにのみ保有し、使用し、又は移転する減価償却資産（家屋を除く。）については、合衆国軍隊の権限のある官憲の証明があるときは、日本の租税又は類似の公課を課されない。

6　前記の人及びその被用者は、合衆国軍隊の権限のある官憲の証明があるときは、これらの者が一時的に日本国にあることのみに基づいて日本国に所在する有体又は無体の動産の保有、使用、死亡による移転又はこの協定に基づいて租税の免除を受ける権利を有する人若しくは機関への移転についての日本国における租税を免除される。ただし、この免除は、投資のため若しくは他の事業を行なうため日本国において保有される財産又は日本国において登録された無体財産権には適用しない。この条の規定は、私有車両による道路の使用について納付すべき租税の免除を与える義務を定めるものではない。

7　1に掲げる人及びその被用者は、この協定に定めるいずれかの施設又は区域の建設、維持又は運営に関して合衆国政府と合衆国において結んだ契約に基づいて発生する所得について、日本国政府又は日本国にあるその他の課税権者に所得税又は法人税を納付する義務を負わない。この項の規定は、これらの者に対し、日本国の源泉から生ずる所得についての所得税又は法人税の納付を免除するものではなく、また、合衆国の所得税のために日本国に居所を有す

ることを申し立てる前記の人及びその被用者に対し、所得についての日本の租税の納付を免除するものではない。これらの者が合衆国政府との契約の履行に関してのみ日本国にある期間は、前記の租税の賦課上、日本国に居所又は住所を有する期間とは認めない。

8　日本国の当局は、1に掲げる人及びその被用者に対し、日本国において犯す罪で日本国の法令によって罰することができるものについて裁判権を行使する第一次の権利を有する。日本国の当局が前記の裁判権を行使しないことに決定した場合には、日本国の当局は、できる限りすみやかに合衆国の軍当局にその旨を通告しなければならない。この通告があったときは、合衆国の軍当局は、これらの者に対し、合衆国の法令により与えられた裁判権を行使する権利を有する。

**第十五条**

1（a）合衆国の軍当局が公認し、かつ、規制する海軍販売所、ピー・エックス、食堂、社交クラブ、劇場、新聞その他の歳出外資金による諸機関は、合衆国軍隊の構成員及び軍属並びにそれらの家族の利用に供するため、合衆国軍隊が使用している施設及び区域内に設置することができる。これらの諸機関は、この協定に別段の定めがある場合を除くほか、日本の規制、免許、手数料、租税又は類似の管理に服さない。

（b）合衆国の軍当局が公認し、かつ、規制する新聞が一般の公衆に販売されるときは、当該新聞は、その頒布に関する限り、日本の規制、免許、手数料、租税又は類似の管理に服する。

2　これらの諸機関による商品及び役務の販売には、1（b）に定める場合を除くほか、日本の租税を課さず、これらの諸機関による商品及び需品の日本国内における購入には、日本の租税を課する。

3　これらの諸機関が販売する物品は、日本国及び合衆国の当局が相互間で合意する条件に従って処分を認める場合を除くほか、これらの諸機関から購入することを認められない者に対して日本国内で処分してはならない。

4　この条に掲げる諸機関は、日本国の当局に対し、日本国の税法が要求するところにより資料を提供するものとする。

**第十六条**

日本国において、日本国の法令を尊重し、及びこの協定の精神に反する活動、特に政治的活動を慎むことは、合衆国軍隊の構成員及び軍属並びにそれらの家族の業務である。

**第十七条**

1　この条の規定に従うことを条件として、

（ａ）合衆国の軍当局は、合衆国の軍法に服するすべての者に対し、合衆国の法令により与えられたすべての刑事及び懲戒の裁判権を日本国において行使する権利を有する。

（ｂ）日本国の当局は、合衆国軍隊の構成員及び軍属並びにそれらの家族に対し、日本国の領域内で犯す罪で日本国の法令によって罰することができるものについて、裁判権を有する。

2（ａ）合衆国の軍当局は、合衆国の軍法に服する者に対し、合衆国の法令によって罰することができる罪で日本国の法令によっては罰することができないもの（合衆国の安全に関する罪を含む。）について、専属的裁判権を行使する権利を有する。

（ｂ）日本国の当局は、合衆国軍隊の構成員及び軍属並びにそれらの家族に対し、日本国の法令によって罰することができる罪で合衆国の法令によっては罰することができないもの（日本国の安全に関する罪を含む。）について、専属的裁判権を行使する権利を有する。

（ｃ）2及び3の規定の適用上、国の安全に関する罪は、次のものを含む。

(i)当該国に対する反逆

(ii)妨害行為（サボタージュ）、諜報行為又は当該国の公務上若しくは国防上の秘密に関する法令の違反

3　裁判権を行使する権利が競合する場合には、次の規定が適用される。

（ａ）合衆国の軍当局は、次の罪については、合衆国軍隊の構成員又は軍属に対して裁判権を行使する第一次の権利を有する。

(i)もっぱら合衆国の財産若しくは安全のみに対する罪又はもっぱら合衆国軍隊の他の構成員若しくは軍属若しくは合衆国軍隊の構成員若しくは軍属の家族の身体若しくは財産のみに対する罪

(ii)公務執行中の作為又は不作為から生ずる罪

（ｂ）その他の罪については、日本国の当局が、裁判権を行使する第一次の権利を有する。

（ｃ）第一次の権利を有する国は、裁判権を行使しないことに決定したときは、できる限りすみやかに他方の国の当局にその旨を通告しなければならない。第一次の権利を有する国の当局は、他方の国がその権利の放棄を特に重要であると認めた場合において、その他方の国の当局から要請があったときは、その要請に好意的考慮を払わなければならない。

4　前諸項の規定は、合衆国の軍当局が日本国民又は日本

国に通常居住する者に対し裁判権を行使する権利を有することを意味するものではない。ただし、それらの者が合衆国軍隊の構成員であるときは、この限りでない。

5（a）日本国の当局及び合衆国の軍当局は、日本国の領域内における合衆国軍隊の構成員若しくは軍属又はそれらの家族の逮捕及び前諸項の規定に従って裁判権を行使すべき当局へのそれらの者の引渡しについて、相互に援助しなければならない。
（b）日本国の当局は、合衆国の軍当局に対し、合衆国軍隊の構成員若しくは軍属又はそれらの家族の逮捕についてすみやかに通告しなければならない。
（c）日本国が裁判権を行使すべき合衆国軍隊の構成員又は軍属たる被疑者の拘禁は、その者の身柄が合衆国の手中にあるときは、日本国により公訴が提起されるまでの間、合衆国が引き続き行なうものとする。
6（a）日本国の当局及び合衆国の軍当局は、犯罪についてのすべての必要な捜査の実施並びに証拠の収集及び提出（犯罪に関連する物件の押収及び相当な場合にはその引渡しを含む。）について、相互に援助しなければならない。ただし、それらの物件の引渡しは、引渡しを行なう当局が定める期間内に還付されることを条件として行なうことができる。
（b）日本国の当局及び合衆国の軍当局は、裁判権を行使する権利が競合するすべての事件の処理について、相互に通告しなければならない。
7（a）死刑の判決は、日本国の法制が同様の場合に死刑を規定していない場合には、合衆国の軍当局が日本国内で執行してはならない。
（b）日本国の当局は、合衆国の軍当局がこの条の規定に基づいて日本国の領域内で言い渡した自由刑の執行について合衆国の軍当局から援助の要請があったときは、その要請に好意的考慮を払わなければならない。
8　被告人がこの条の規定に従って日本国の当局又は合衆国の軍当局のいずれかにより裁判を受けた場合において、無罪の判決を受けたとき、又は有罪の判決を受けて服役しているとき、服役したとき、若しくは赦免されたときは、他方の国の当局は、日本国の領域内において同一の犯罪について重ねてその者を裁判してはならない。ただし、この項の規定は、合衆国の軍当局が合衆国軍隊の構成員を、その者が日本国の当局により裁判を受けた犯罪を構成した作為又は不作為から生ずる軍紀違反について、裁判することを妨げるものではない。
9　合衆国軍隊の構成員若しくは軍属又はそれらの家族は、日本国の裁判権に基づいて公訴を提起された場合には、いつでも、次の権利を有する

（a）遅滞なく迅速な裁判を受ける権利
（b）公判前に自己に対する具体的な訴因の通知を受ける権利
（c）自己に不利な証人と対決する権利
（d）証人が日本国の管轄内にあるときは、自己のために強制的手続により証人を求める権利
（e）自己の弁護のため自己の選択する弁護人をもつ権利又は日本国でその当時通常行なわれている条件に基づき費用を要しないで若しくは費用の補助を受けて弁護人をもつ権利
（f）必要と認めたときは、有能な通訳を用いる権利
（g）合衆国の政府の代表者と連絡する権利及び自己の裁判にその代表者を立ち会わせる権利

10（a）合衆国軍隊の正規に編成された部隊又は編成隊は、第二条の規定に基づき使用する施設及び区域において警察権を行なう権利を有する。合衆国軍隊の軍事警察は、それらの施設及び区域において、秩序及び安全の維持を確保するためすべての適当な措置を執ることができる。
（b）前記の施設及び区域の外部においては、前記の軍事警察は、必ず日本国の当局との取決めに従うことを条件とし、かつ、日本国の当局と連絡して使用されるものとし、その使用は、合衆国軍隊の構成員の間の規律及び秩序の維持のため必要な範囲内に限るものとする。

11　相互協力及び安全保障条約第五条の規定が適用される敵対行為が生じた場合には、日本国政府及び合衆国政府のいずれの一方も、他方の政府に対し六十日前に予告を与えることによって、この条のいずれの規定の適用も停止させる権利を有する。この権利が行使されたときは、日本国政府及び合衆国政府は、適用を停止される規定に代わるべき適当な規定を合意する目的をもって直ちに協議しなければならない。

12　この条の規定は、この協定の効力発生前に犯したいかなる罪にも適用しない。それらの事件に対しては、日本国とアメリカ合衆国との間の安全保障条約第三条に基く行政協定第十七条の当該時に存在した規定を適用する。

**第十八条**

1　各当事国は、自国が所有し、かつ、自国の陸上、海上又は航空の防衛隊が使用する財産に対する損害については、次の場合には、他方の当事国に対するすべての請求権を放棄する。
（a）損害が他方の当事国の防衛隊の構成員又は被用者によりその者の公務の執行中に生じた場合
（b）損害が他方の当事国が所有する車両、船舶又は航空

機でその防衛隊が使用するものの使用から生じた場合。ただし、損害を与えた車両、船舶若しくは航空機が公用のため使用されていたとき、又は損害が公用のため使用されている財産に生じたときに限る。

海難救助についての一方の当事国の他方の当事国に対する請求権は、放棄する。ただし、救助された船舶又は積荷が、一方の当事国が所有し、かつ、その防衛隊が公用のため使用しているものであった場合に限る。

2（a）いずれか一方の当事国が所有するその他の財産で日本国内にあるものに対して1に掲げるようにして損害が生じた場合には、両政府が別段の合意をしない限り、（b）の規定に従って選定される一人の仲裁人が、他方の当事国の責任の問題を決定し、及び損害の額を査定する。仲裁人は、また、同一の事件から生ずる反対の請求を裁定する。

（b）（a）に掲げる仲裁人は、両政府間の合意によつて、司法関係の上級の地位を現に有し、又は有したことがある日本国民の中から選定する。

（c）仲裁人が行なった裁定は、両当事国に対して拘束力を有する最終的のものとする。

（d）仲裁人が裁定した賠償の額は、5（e）(i)、(ii)及び(iii)の規定に従って分担される。

（e）仲裁人の報酬は、両政府間の合意によって定め、両政府が、仲裁人の任務の遂行に伴う必要な費用とともに、均等の割合で支払う。

（f）もっとも、各当事国は、いかなる場合においても千四百合衆国ドル又は五十万四千円までの額については、その請求権を放棄する。これらの通貨の間の為替相場に著しい変動があった場合には、両政府は、前記の額の適当な調整について合意するものとする。

3　1及び2の規定の適用上、船舶について「当事国が所有する」というときは、その当事国が裸用船した船舶、裸の条件で徴発した船舶又は拿捕した船舶を含む。ただし、損失の危険又は責任が当該当事国以外の者によって負担される範囲については、この限りでない。

4　各当事国は、自国の防衛隊の構成員がその公務の執行に従事している間に被った負傷又は死亡については、他方の当事国に対するすべての請求権を放棄する。

5　公務執行中の合衆国軍隊の構成員若しくは被用者の作為若しくは不作為又は合衆国軍隊が法律上責任を有するその他の作為、不作為若しくは事故で、日本国において日本国政府以外の第三者に損害を与えたものから生ずる請求権（契約による請求権及び6又は7の規定の適用を受ける請求権を除く。）は、日本国が次の規定に従って処理する。

（a）請求は、日本国の自衛隊の行動から生ずる請求権に関する日本国の法令に従って、提起し、審査し、かつ、解決し、又は裁判する。

（b）日本国は、前記のいかなる請求をも解決することができるものとし、合意され、又は裁判により決定された額の支払を日本円で行なう。

（c）前記の支払（合意による解決に従ってされたものであると日本国の権限のある裁判所による裁判に従ってされたものであるとを問わない。）又は支払を認めない旨の日本国の権限のある裁判所による確定した裁判は、両当事国に対し拘束力を有する最終的のものとする。

（d）日本国が支払をした各請求は、その明細並びに（e）(i)及び(ii)の規定による分担案とともに、合衆国の当局に通知しなければならない。二箇月以内に回答がなかったときは、その分担案は、受諾されたものとみなす。

（e）（a）から（d）まで及び2の規定に従い請求を満たすために要した費用は、両当事国が次のとおり分担する。

(i)合衆国のみが責任を有する場合には、裁定され、合意され、又は裁判により決定された額は、その二十五パーセントを日本国が、その七十五パーセントを合衆国が分担する。

(ii)日本国及び合衆国が損害について責任を有する場合には、裁定され、合意され、又は裁判により決定された額は、両当事国が均等に分担する。損害が日本国又は合衆国の防衛隊によって生じ、かつ、その損害をこれらの防衛隊のいずれか一方又は双方の責任として特定することができない場合には、裁定され、合意され、又は裁判により決定された額は、日本国及び合衆国が均等に分担する。

(iii)比率に基づく分担案が受諾された各事件について日本国が六箇月の期間内に支払った額の明細書は、支払要請書とともに、六箇月ごとに合衆国の当局に送付する。その支払は、できる限りすみやかに日本円で行なわなければならない。

（f）合衆国軍隊の構成員又は被用者（日本の国籍のみを有する被用者を除く。）は、その公務の執行から生ずる事項については、日本国においてその者に対して与えられた判決の執行手続に服さない。

（g）この項の規定は、（e）の規定が2に定める請求権に適用される範囲を除くほか、船舶の航行若しくは運用又は貨物の船積み、運送若しくは陸揚げから生じ、又はそれらに関連して生ずる請求権には適用しない。ただし、4の規定の適用を受けない死亡又は負傷に対する請求権については、この限りでない。

6　日本国内における不法の作為又は不作為で公務執行中に行なわれたものでないものから生ずる合衆国軍隊の構成員又は被用者（日本国民である被用者又は通常日本国に居住する被用者を除く。）に対する請求権は、次の方法で処理する。

（a）日本国の当局は、当該事件に関するすべての事情（損害を受けた者の行動を含む。）を考慮して、公平かつ公正に請求を審査し、及び請求人に対する補償金を査定し、並びにその事件に関する報告書を作成する。

（b）その報告書は、合衆国の当局に交付するものとし、合衆国の当局は、遅滞なく、慰謝料の支払を申し出るかどうかを決定し、かつ、申し出る場合には、その額を決定する。

（c）慰謝料の支払の申出があった場合において、請求人がその請求を完全に満たすものとしてこれを受諾したときは、合衆国の当局は、みずから支払をしなければならず、かつ、その決定及び支払つた額を日本国の当局に通知する。

（d）この項の規定は、支払が請求を完全に満たすものとして行なわれたものでない限り、合衆国軍隊の構成員又は被用者に対する訴えを受理する日本国の裁判所の裁判権に影響を及ぼすものではない。

7　合衆国軍隊の車両の許容されていない使用から生ずる請求権は、合衆国軍隊が法律上責任を有する場合を除くほか、6の規定に従って処理する。

8　合衆国軍隊の構成員又は被用者の不法の作為又は不作為が公務執行中にされたものであるかどうか、また、合衆国軍隊の車両の使用が許容されていたものであるかどうかについて紛争が生じたときは、その問題は、2（b）の規定に従って選任された仲裁人に付託するものとし、この点に関する仲裁人の裁定は、最終的のものとする。

9（a）合衆国は、日本国の裁判所の民事裁判権に関しては、5（f）に定める範囲を除くほか、合衆国軍隊の構成員又は被用者に対する日本国の裁判所の裁判権からの免除を請求してはならない。

（b）合衆国軍隊が使用している施設及び区域内に日本国の法律に基づき強制執行を行なうべき私有の動産（合衆国軍隊が使用している動産を除く。）があるときは、合衆国の当局は、日本国の裁判所の要請に基づき、その財産を差し押えて日本国の当局に引き渡さなければならない。

（c）日本国及び合衆国の当局は、この条の規定に基づく請求の公平な審理及び処理のための証拠の入手について協力するものとする。

10　合衆国軍隊による又は合衆国軍隊のための資材、需品、備品、役務及び労務の調達に関する契約から生ずる紛争でその契約の当事者によって解決されないものは、調停のため合同委員会に付託することができる。ただし、この項の規定は、契約の当事者が有することのある民事の訴えを提起する権利を害するものではない。

11　この条にいう「防衛隊」とは、日本国についてはその自衛隊をいい、合衆国についてはその軍隊をいうものと了解される。

12　2及び5の規定は、非戦闘行為に伴って生じた請求権についてのみ適用する。

13　この条の規定は、この協定の効力発生前に生じた請求権には適用しない。それらの請求権は、日本国とアメリカ合衆国との間の安全保障条約第三条に基く行政協定第十八条の規定によって処理する。

**第十九条**

1　合衆国軍隊の構成員及び軍属並びにそれらの家族は、日本国政府の外国為替管理に服さなければならない。

2　1の規定は、合衆国ドル若しくはドル証券で、合衆国の公金であるもの、合衆国軍隊の構成員及び軍属がこの協定に関連して勤務し、若しくは雇用された結果取得したもの又はこれらの者及びそれらの家族が日本国外の源泉から取得したものの日本国内又は日本国外への移転を妨げるものと解してはならない。

3　合衆国の当局は、2に定める特権の濫用又は日本国の外国為替管理の回避を防止するため適当な措置を執らなければならない。

**第二十条**

1（a）ドルをもって表示される合衆国軍票は、合衆国によって認可された者が、合衆国軍隊の使用している施設及び区域内における相互間の取引のため使用することができる。合衆国政府は、合衆国の規則が許す場合を除くほか、認可された者が軍票を用いる取引に従事することを禁止するよう適当な措置を執るものとする。日本国政府は、認可されない者が軍票を用いる取引に従事することを禁止するため必要な措置を執るものとし、また、合衆国の当局の援助を得て、軍票の偽造又は偽造軍票の使用に関与する者で日本国の当局の裁判権に服すべきものを逮捕し、及び処罰するものとする。

（b）合衆国の当局が、認可されない者に対し軍票を行使する合衆国軍隊の構成員及び軍属並びにそれらの家族を逮捕し、及び処罰すること並びに、日本国における軍票の許されない使用の結果として、合衆国又はその機関が、その認可されない者又は日本国政府若しくはその機関に対していかなる義務をも負うことはないことが合意される。

2　軍票の管理を行なうため、合衆国は、その監督の下に、合衆国が軍票の使用を認可した者の用に供する施設を維持し、及び運営する一定のアメリカの金融機関を指定することができる。軍用銀行施設を維持することを認められた金融機関は、その施設を当該機関の日本国における商業金融業務から場所的に分離して設置し、及び維持するものとし、これに、この施設を維持し、かつ、運営することを唯一の任務とする職員を置く。この施設は、合衆国通貨による銀行勘定を維持し、かつ、この勘定に関するすべての金融取引（第十九条2に定める範囲内における資金の受領及び送付を含む。）を行なうことを許される。

**第二十一条**

合衆国は、合衆国軍隊の構成員及び軍属並びにそれらの家族が利用する合衆国軍事郵便局を、日本国にある合衆国軍事郵便局間及びこれらの軍事郵便局と他の合衆国郵便局との間における郵便物の送達のため、合衆国軍隊が使用している施設及び区域内に設置し、及び運営することができる。

**第二十二条**

合衆国は、日本国に在留する適格の合衆国市民で合衆国軍隊の予備役団体への編入の申請を行なうものを同団体に編入し、及び訓練することができる。

**第二十三条**

日本国及び合衆国は、合衆国軍隊、合衆国軍隊の構成員及び軍属並びにそれらの家族並びにこれらのものの財産の安全を確保するため随時に必要となるべき措置を執ることについて協力するものとする。日本国政府は、その領域において合衆国の設備、備品、財産、記録及び公務上の情報の十分な安全及び保護を確保するため、並びに適用されるべき日本国の法令に基づいて犯人を罰するため、必要な立法を求め、及び必要なその他の措置を執ることに同意する。

**第二十四条**

1　日本国に合衆国軍隊を維持することに伴うすべての経費は、2に規定するところにより日本国が負担すべきものを除くほか、この協定の存続期間中日本国に負担をかけないで合衆国が負担することが合意される。

2　日本国は、第二条及び第三条に定めるすべての施設及び区域並びに路線権（飛行場及び港における施設及び区域のように共同に使用される施設及び区域を含む。）をこの協定の存続期間中合衆国に負担をかけないで提供し、かつ、相当の場合には、施設及び区域並びに路線権の所有者及び提供者に補償を行なうことが合意される。

3　この協定に基づいて生ずる資金上の取引に適用すべき経理のため、日本国政府と合衆国政府との間に取決めを行なうことが合意される。

### 第二十五条

1　この協定の実施に関して相互間の協議を必要とするすべての事項に関する日本国政府と合衆国政府との間の協議機関として、合同委員会を設置する。合同委員会は、特に、合衆国が相互協力及び安全保障条約の目的の遂行に当たつて使用するため必要とされる日本国内の施設及び区域を決定する協議機関として、任務を行なう。

2　合同委員会は、日本国政府の代表者一人及び合衆国政府の代表者一人で組織し、各代表者は、一人又は二人以上の代理及び職員団を有するものとする。合同委員会は、その手続規則を定め、並びに必要な補助機関及び事務機関を設ける。合同委員会は、日本国政府又は合衆国政府のいずれか一方の代表者の要請があるときはいつでも直ちに会合することができるように組織する。

3　合同委員会は、問題を解決することができないときは、適当な経路を通じて、その問題をそれぞれの政府にさらに考慮されるように移すものとする。

### 第二十六条

1　この協定は、日本国及び合衆国によりそれぞれの国内法上の手続に従つて承認されなければならず、その承認を通知する公文が交換されるものとする。

2　この協定は、1に定める手続が完了した後、相互協力及び安全保障条約の効力発生の日に効力を生じ、千九百五十二年二月二十八日に東京で署名された日本国とアメリカ合衆国との間の安全保障条約第三条に基く行政協定（改正を含む。）は、その時に終了する。

3　この協定の各当事国の政府は、この協定の規定中その実施のため予算上及び立法上の措置を必要とするものについて、必要なその措置を立法機関に求めることを約束する。

### 第二十七条

いずれの政府も、この協定のいずれの条についてもその改正をいつでも要請することができる。その場合には、両政府は、適当な経路を通じて交渉するものとする。

### 第二十八条

この協定及びその合意された改正は、相互協力及び安全保障条約が有効である間、有効とする。ただし、それ以前に両政府間の合意によつて終了させたときは、この限りでない。

以上の証拠として、下名の全権委員は、この協定に署名した。

千九百六十年一月十九日にワシントンで、ひとしく正文である日本語及び英語により本書二通を作成した。

日本国のために
岸信介
藤山愛一郎
石井光次郎
足立正
朝海浩一郎

アメリカ合衆国のために
クリスチャン・A・ハーター
ダグラス・マックアーサー二世
J・グレイアム・パーソンズ

【監修・執筆】
前泊博盛
猿田佐世

【執筆】
新外交イニシアティブ　地位協定
プロジェクトチーム
相川真穂・巖谷陽次郎・川村遼平・
横田純平　他

## ― 新外交イニシアティブ（ND）を支える・利用する ―

新外交イニシアティブ（ND）は、米軍基地や安全保障政策、原発・再処理・核に関する問題、米国のアジア・太平洋戦略など、さまざまな外交課題について幅広い声を外交・政治に反映するために活動するNPO法人です。政府・企業から独立した民間シンクタンクとして、調査・研究はもとより、政策提言、日米の政府・議会への働きかけなど、さまざまな活動を行なっています。NDは皆様の会費やご寄付を主な財源として活動しています。ご入会・ご寄付でのご支援を是非よろしくお願いいたします。

### 1.会員となって支える・利用する

個人会員1万2000円、特別会員6万円、団体会員12万円（年額）
ウェブサイトにてクレジット決済をご利用いただくか、事務局まで、お名前・ご所属・ご住所・Email・電話番号・会員種別をお知らせの上、下記の口座にお振込みください。
※詳細： www.nd-initiative.org/admission

〈公式ウェブサイト〉

**【会員特典】**

①NDの活動報告や論考、コラム等、会員限定のメールニュース"New Diplomacy"
②英字メディアから外交・政治関係の記事を選別・翻訳・要約した"ND News Selection"
③会員限定イベント（例：海外ゲストや評議員とのトークセッション等）
④ND開催の講演会・シンポジウム等への参加費優待・優先予約

※特別・団体会員の皆様へは、日本及び各国における政策提言、ロビーイング、情報収集から メディア発信、翻訳・通訳などをお手伝いします。詳細は事務局へお問い合わせください。

### 2.ご寄付で支える

この新しい取り組みに、皆様の温かいご支援をお寄せください。お振込みのほか、上記ウェブサイトにて、クレジット決済もご利用いただけます。

### 3.動いて支える

NDでは、プロボノ・インターン・ボランティアを募集しています。ご希望の方は、ウェブサイトをご覧ください。

**【郵便局からのご送金】**
郵便振替口座　口座番号　00190-3-633335
口座名義　新外交イニシアティブ

**【他行からのご送金】**
ゆうちょ銀行　〇一九店（019）当座 0633335
口座名義　新外交イニシアティブ

**新外交イニシアティブ（ND／New Diplomacy Initiative）**
〒160-0022 東京都新宿区新宿1-15-9 さわだビル5F
TEL 03-3948-7255 ／ Email info@nd-initiative.org